HISTOIRES D'ŒILS

PHILIPPE COSTAMAGNA

HISTOIRES D'ŒILS

le courage

BERNARD GRASSET
PARIS

le courage
collection dirigée par Charles Dantzig

Illustration bande : *Crucifixion*, Le Bronzino
Collection Musée des Beaux-Arts Jules Chéret, Nice
Photo : Muriel Anssens

ISBN : 978-2-246-80275-4

1.

Le Bronzino miraculeux

On dit un œil, des yeux. Je voudrais, moi, vous parler d'un métier insoupçonné et fascinant, celui des « œils »... Ce nom peut sembler surprenant et fautif, mais il serait impossible d'exprimer justement, avec d'autres mots, ce que certains historiens d'art font au quotidien. Si l'historien d'art, disons classique, comme le musicologue ou l'historien de la littérature, peut se contenter de recourir à une riche bibliothèque et à une vaste banque d'images, celui que j'appelle « œil » a pour fonction de découvrir des paternités aux tableaux à partir de son seul regard. Sa tâche est de voir. Pour cela, il ne saurait se dispenser d'un contact direct avec chaque œuvre. Les historiens d'art classiques, les musicologues, les historiens de la littérature échafaudent de complexes hypothèses et mènent de longues enquêtes, pour parvenir à exposer leurs théories dans des livres. L'œil, lui, table sur des coups de théâtre. Sa tâche, en substance, consiste à proposer un nom. Au quotidien, des œuvres d'art inconnues ne cessent de venir à lui. Bien souvent, elles sont décevantes. Mais, parfois, une grande nouveauté s'impose à lui avec une évidence aussi implacable qu'inattendue…

Il est « œil » comme on est « nez » en parfumerie. Les nez repèrent des senteurs et inventent des parfums. Les œils, pour l'histoire de l'art, découvrent des tableaux et établissent des paternités d'un coup d'œil. Mais la comparaison s'arrête là. Si les plus grands nez sont des créateurs, des artistes parfois capables de coups de génie, ni les œils ni les historiens d'art ne sont à proprement parler des créateurs. Les œils observent, et l'observation déclenche un processus dans leur mémoire, qui leur permet de voir. Ce processus n'implique rien de génial, juste un sens de l'analyse très raffiné, la capacité à décomposer une peinture que l'on regarde en un ensemble de traits distinctifs qui se retrouvent à travers la production multiple d'un artiste.

Grâce à cette aptitude, l'œil fait des découvertes. À la différence des découvertes mathématiques, chimiques, physiques, celles de Newton ou d'Einstein par exemple, dues au seul génie de leur auteur, la découverte de l'œil quant à elle s'apparenterait plutôt à celle de Christophe Colomb. Rien de génial. Juste de l'esprit d'aventure, et un accident de parcours à la suite d'un pari sur une nouvelle route commerciale entre l'Europe et les Indes. L'œil est un petit Christophe Colomb, qui parcourt le monde de l'art l'esprit attentif aux surprises. Mais, tandis que Christophe Colomb ne sait pas sur quoi il tombe, l'œil, lui, s'y reconnaît immédiatement. Tel un explorateur qui redécouvrirait l'Atlantide et saurait qu'il ne peut s'agir que d'elle. Quand un œil est confronté à une œuvre dont il est seul à pouvoir reconnaître l'auteur, on dit qu'il fait une découverte. Plus l'artiste est important, plus sa découverte est importante, et si l'œuvre en question est un chef-d'œuvre, exécuté par l'un des plus grands maîtres de notre histoire, et passé inaperçu durant des siècles, on peut même parler de « grande découverte ».

Les découvertes de ce genre sont bien rares pour un œil. Il cherche quelque chose avec insistance, souvent sans aboutir, puis, sans le vouloir, il fait des découvertes inespérées. Je peux dire qu'il m'est arrivé d'en faire au moins une, totalement par hasard. C'était au mois d'octobre 2005, en compagnie d'un ami italien, Carlo Falciani, spécialiste comme moi de la peinture italienne du XVIe siècle. Un collectionneur nous avait fait venir en Provence pour examiner un tableau qui, quoique intéressant, ne se révéla pas être l'œuvre attendue et, comme souvent, nous laissions le propriétaire déçu ; en contrepartie, nous avions fait une découverte majeure pour l'histoire de l'art.

Nous étions allés, la veille, au musée des Beaux-Arts de la ville de Nice, où la femme de Carlo, historienne d'art elle aussi, souhaitait observer certaines œuvres. La villa Kotchoubey, qui abrite le musée, est l'un des vestiges de cette Côte d'Azur qui résonne de ses derniers échos et brille de ses dernières lueurs dans *Tendre est la nuit* de F. Scott Fitzgerald ; la Côte d'Azur, où la haute société européenne se rendait en villégiature avant la Première Guerre mondiale. Au moment où, tout alentour, des barres résidentielles ont commencé à remplacer les parcs des vastes demeures, la ville a racheté cette maison d'aristocrates russes pour la transformer en musée. Entre les façades, on aperçoit par endroits le bleu de la mer. Non loin de l'aéroport international, sur les hauteurs de la ville, c'est l'un des derniers lieux Belle Époque. Le rez-de-chaussée est constitué d'un grand hall au sol minéral et luisant, bordé de colonnes de marbre, flanqué d'un escalier monumental et d'un patio couvert.

En se dirigeant vers les grands salons d'apparat, on passe d'abord par une large galerie, aux murs tapissés de tableaux fin-de-siècle, en accord avec l'esprit de la villa. Des portraits mondains, des scènes orientalistes, dont une *Servante de harem* de Paul-Désiré Trouillebert, plongent le visiteur dans l'atmosphère de la société de l'époque. Au bout de la galerie, une gigantesque fenêtre donne sa lumière à la pièce. Le soleil, souvent présent sur la baie de Nice, était haut dans le ciel ce jour-là et laissait pénétrer ses rayons dans la galerie selon un angle aigu. Je me souviens que nous bavardions, tout en jetant un coup d'œil distrait aux collections, de tout autre chose, peut-être du tableau que nous allions voir le lendemain, quand nos yeux se sont arrêtés sur un *Christ* accroché au bout du couloir, aux pieds duquel tombait un rayon de soleil qui faisait reluire des ongles à la texture porcelainée que je reconnaîtrais entre mille. « Tu vois ce que je vois ? » m'a demandé Carlo. Le bavardage a laissé place à un silence époustouflé. Nous voyions bien la même chose. À la faveur de ce rayon de soleil providentiel s'était révélé le *Christ en croix* de Bronzino, peint par l'artiste à l'intention de la famille florentine des Panciatichi, vers 1540, une œuvre jusqu'alors perdue et vainement recherchée des connaisseurs de la peinture florentine de cette époque.

C'est un tableau d'assez grandes dimensions. Son mètre cinquante de haut, son mètre de large rappellent le format d'un tableau d'autel. Il représente un grand Christ crucifié, d'une pâleur et d'un réalisme superbes. La jambe droite, sur le pied de laquelle vient se planter un clou, est légèrement incurvée. Les pommettes saillantes, les joues creusées, les lourds cernes du visage témoignent du passage d'une longue souffrance. On peut distinguer jusqu'aux moindres détails de sa musculature. Le périzonium rose pastel destiné à cacher la nudité du Christ, aux plis plus vrais que nature, tombant légèrement, découvre des hanches maigres dont on devine l'ossature. Sous la tête, inclinée vers la droite, la chevelure blond-roux s'éploie en boucles fines, parfaitement définies, sur des épaules d'albâtre. Le peintre a poussé le scrupule jusqu'à indiquer, par de légers coups de pinceau, les veines du bois de la croix.

En remontant le long du corps, mis sur la voie par le dessin des ongles des pieds, nous entendions résonner sans nous le dire ces lignes de la vie de Bronzino rédigée par son premier biographe, Giorgio Vasari, peintre lui-même et contemporain de Bronzino : « Pour Bartolomeo Panciatichi, il fit le tableau d'un Christ crucifié, exécuté avec tant de soin et tant d'application, qu'on voit bien qu'il prit pour modèle un véritable corps mort mis en croix. » La scène se détachait sur une niche architecturale de pierre grise, la *pietra serena*, ou pierre sereine, typique des matériaux de construction employés à Florence pour l'édification des bâtiments religieux et des monuments importants de l'architecture civile. Un mince filet rouge dégoulinait des pieds sur le bois et imbibait la niche de pierre.

Ce fut un moment indescriptible. D'après les lignes écrites par Vasari au sujet du tableau, nous pouvions imaginer un chef-d'œuvre. D'après l'information selon laquelle Bronzino avait eu, en le peignant, un cadavre sous les yeux, nous pouvions imaginer une œuvre réaliste. Mais jamais nous n'aurions pu imaginer une œuvre aussi simple. Nous avions la certitude de nous trouver face à son chef-d'œuvre, et nous étions surpris. Bronzino est réputé comme peintre de cour, excellent dans la représentation du luxe et le rendu tactile des étoffes. On le connaît d'abord pour une peinture artificielle, sous-tendue par des codes, accessible dans toute sa richesse aux seuls initiés. Ses images religieuses laissent souvent de marbre, alors que ses portraits, ses scènes allégoriques tirées de la mythologie enchantent. Là, pourtant, le tableau parlait de lui-même. Si Giorgio Vasari ne nous avait pas dit que notre artiste avait peint un *Christ* d'après un vrai corps, nous aurions eu beaucoup de peine à considérer comme à l'origine d'un tel sujet. Comment comprendre qu'un peintre prétendument frivole ait représenté un Christ invitant au recueillement, exécuté une œuvre réaliste et spirituelle, une œuvre de la chair morte, de la douleur ? Il fallait sans doute commencer par considérer que la vie de cour n'excluait pas la profondeur et le souci du sacré.

Dans les ouvrages d'histoire de l'art actuels, il est devenu ordinaire de dire que nous savons peu de chose de la vie des artistes anciens. Ce n'est pas tout à fait le cas pour Agnolo Bronzino. Il est né à Florence en 1503, et mort dans la même ville en 1572. Giorgio Vasari, qui n'écrit sur lui que quelques rares et néanmoins précieuses lignes, dit qu'il s'est formé chez Jacopo Pontormo. Nous aurons l'occasion de reparler de ce peintre qui me tient particulièrement à cœur. C'était, dit Vasari, un maître très dur, qui ne montrait jamais une toile aux jeunes gens de son atelier, pour ne pas leur dévoiler les secrets de sa technique. Jusqu'où peut-on faire confiance à cette présentation sévère ? En critiquant l'attitude de Pontormo, Vasari cherchait peut-être à rabaisser la formation reçue par Bronzino, formation qu'il aurait sans doute aimé recevoir. Vasari était lui-même un peintre à la formation chaotique qui, de son vivant, ne pouvait pas prétendre au prestige de son rival. Bronzino, quoi qu'il en dise, assimila très bien les moindres nuances de l'art de son maître, allant même, comme Vasari est forcé de le reconnaître, jusqu'à le surpasser, quand il reprit le chantier de la chapelle San Lorenzo, laissée inachevée à la mort de Pontormo. Quand Bronzino ne peignait pas, il s'adonnait à la poésie, où il s'illustrait par son imagination débordante, composant des poèmes drolatiques dont le célèbre *Éloge des oignons* (*In lode delle cipolle*) ne représente pas l'échantillon le moins réussi. C'était un personnage cultivé, qui se livrait aux passe-temps spirituels de la ville maniérée où il avait grandi, et dont tout nous porte à croire qu'il était homosexuel.

Les préjugés avec lesquels nous considérons le XVIe siècle aujourd'hui rendaient extrêmement difficile la compréhension du tableau. Les époux Panciatichi, pour lesquels Bronzino l'a exécuté, étaient des banquiers florentins, riches et puissants, mais aussi engagés en faveur d'une réforme interne de la foi catholique tenant compte des objections de Luther. Le *Christ*, avec son dépouillement, illustre parfaitement cette volonté de revenir aux bases de la foi. Il fallait être capable d'envisager Bronzino courtisan et religieux, homosexuel et croyant, peintre mais soucieux des questions politiques pour l'accepter comme auteur du tableau. C'était une vision du XVIe siècle florentin que nous partagions, Carlo et moi. Ce tableau était ainsi la pièce manquante d'un puzzle dont nous avions découpé peu à peu chacune des pièces, et qui prenait forme sous nos yeux.

Une grande découverte est rarement acceptée sans discussion par les autres historiens d'art, défenseurs d'autres théories, souvent jaloux, parfois tout simplement aveugles. En l'occurrence, la faire reconnaître n'a pas été difficile, et nous avons obtenu un ralliement unanime. Avec beaucoup d'élan, nous avons fait part de la nouvelle de notre attribution aux quelques autres connaisseurs de Bronzino, qui l'ont reçue avec le même enthousiasme que nous. Tous ces spécialistes étaient italiens ou anglo-saxons. Le petit monde de l'histoire de l'art en parlait, de Los Angeles à Saint-Pétersbourg, de l'Australie à l'Écosse… Mais, au contraire de ceux qui partageaient notre champ de recherches, certains des plus grands esprits de la discipline, qui n'avaient de notre époque et de notre peintre qu'une vision généraliste, ont eu plus de mal à se faire à notre idée. À cela s'ajoutait que cette œuvre, conservée dans un musée français, avait été soumise à d'importants conservateurs français, et qu'il leur fallait accepter de ne pas l'avoir comprise. En 1965, trois des plus grands de nos historiens d'art, tous doués d'un œil exceptionnel, Michel Laclotte, Sylvie Béguin, Pierre Rosenberg, l'avaient examinée. Ils préparaient alors une grande exposition sur le XVIe siècle européen, et passaient en revue l'intégralité des collections nationales. C'est comme s'ils ne l'avaient pas vue !

Cet événement s'inscrivait dans le cadre d'un grand mouvement de recensement du patrimoine national, après la Seconde Guerre mondiale, et devait permettre au public français de redécouvrir ses collections. Comble de l'ironie, le plus célèbre des tableaux de Bronzino figurait en couverture du catalogue d'exposition, un détail de la *Déposition* qui se trouve au musée de Besançon, et qui correspond parfaitement à l'idée que l'on se faisait à l'époque de l'art de notre peintre, un art où les saints et les saintes sont somptueusement parés, théâtralement disposés, le corps du Christ toujours athlétique, glorieux, et idéalisé.

Si ces historiens n'ont pas apporté au *Christ* de Nice l'attention qu'il méritait, c'est que, déjà en 1965, l'idée circulait qu'il ne datait pas du XVIe siècle. De fait, en 1986, Gianni Papi, un œil italien que je respecte, a pensé recatégoriser le tableau une fois pour toutes en l'attribuant à Andrea Commodi, un peintre florentin du XVIIe. C'était typiquement le genre de sujets traités par Commodi, mais Papi, dans la monographie qu'il consacra à cet artiste, eut la légèreté de se baser sur une photographie floue examinée à la photothèque du Kunsthistorisches Institut de Florence. Il ne pouvait pas prendre en compte des éléments aussi décisifs pour la bonne compréhension du tableau que celui de la forme des ongles, qui nous a frappés d'emblée, ou que le matériau du support, qui était fait d'un bois de peuplier épais qui n'est plus en usage après la fin du XVIe siècle, et qui correspondait exactement aux types de support employés dans l'atelier de Bronzino. De l'utilité de flâner ! Nous avons pu, Carlo et moi, considérer l'œuvre sous toutes ses coutures.

Je me suis rendu quelque temps après à une séance d'attribution de l'Institut national d'histoire de l'art, rue Vivienne à Paris. Je venais de franchir le seuil de l'édifice quand j'ai vu marcher à ma rencontre deux des œils de 1965. Sylvie Béguin, mon ancien professeur à l'École du Louvre, petite, avec son chignon blond relevé derrière la tête, élégante comme toujours, arrivait au bras de Michel Laclotte, fondateur du musée d'Orsay et premier président du Grand Louvre. Il m'a semblé voir passer sur le visage de cet homme que j'admire beaucoup, et qui m'a initié à la peinture italienne, l'ombre d'une expression bougonne. Avec toute la présence d'esprit et toute la hauteur qui le caractérisent, sur un ton humoristique et affectueux, que masquait néanmoins cette voix grave qui en a impressionné plus d'un : « Arrêtez de boire, Philippe ! Vous voyez n'importe quoi et vous agitez tout le monde avec vos délires. »

Alors, Sylvie, les yeux bleus pétillants de malice, d'une voix pointue que le monde de l'histoire de l'art s'ingénie encore à imiter, lui a répondu : « Vous savez, Michel, il faut savoir remettre certains jugements en question... Les jeunes peuvent avoir raison ! — Oh ! Taisez-vous, Sylvie, ils sont insupportables ! »

Pierre Rosenberg, lui, bien connu de tous notamment pour son emblématique écharpe rouge, successeur de Michel Laclotte à la présidence du musée du Louvre, se sentait moins concerné par cet oubli, ayant essentiellement consacré ses recherches à la peinture française des XVIIe et XVIIIe siècles, et fait plusieurs découvertes sensationnelles. Il partageait l'opinion de Sylvie. Comme elle, il acceptait que l'œil a ses époques, ses circonstances, et qu'on ne peut pas reprocher à quelqu'un d'avoir manqué un tableau. Il dort dans l'ombre, il passe sous le regard de grands esprits qui l'ignorent, jusqu'à ce qu'un événement toujours hasardeux lui permette d'apparaître et qu'il devienne désormais impossible de le rejeter dans l'oubli d'où il vient de sortir.

Il faudra attendre que Michel Laclotte se rende à Florence en 2010, à l'exposition Bronzino du palais Strozzi, pour qu'il vienne à changer d'avis. Cet édifice, situé au centre de la ville, est l'un des plus grands palais florentins de la Renaissance. Parfaite image de la froide bourgeoisie de banquiers et de marchands qui triompha dans la ville dès le XVe siècle, il projette son ombre monumentale sur les ruelles avoisinantes. Sa façade est faite de pierres bosselées, les salles intérieures sont vastes et inconfortables, voûtées, leurs contours soulignés de *pietra serena*, cette pierre grise au nom poétique qu'on retrouve dans la niche du *Christ* : ce tableau se trouva donc exposé dans un lieu on ne peut plus fidèle à l'esprit de sa conception.

Le *Christ* de Nice était le premier tableau que l'on voyait en entrant dans la salle dédiée aux Panciatichi, face à la *Vierge à l'Enfant* (Madone Panciatichi) peinte pour le même couple. Entre ces deux images, sur le flanc droit de la salle, se trouvaient les portraits des époux, côte à côte, aujourd'hui conservés à la Galerie des Offices de Florence, dans la salle où les accompagne la Madone.

Ces deux époux à qui Bronzino a dédié son *Christ*, je les connaissais bien. J'ai consacré une thèse aux portraits florentins du XVIe siècle, et les portraits que Bronzino a réalisés des Panciatichi lui ont valu sa réputation de plus grand portraitiste de l'époque. Les époux y apparaissent comme les parfaits représentants de la bourgeoisie marchande triomphante. Bartolomeo est accoudé au parapet d'une loggia. Il fait face au spectateur et surplombe, quoiqu'il lui tourne le dos, un décor urbain qui ne réfère à aucun lieu, mais dans lequel il convient de reconnaître une image fantastique de Florence, à cause des traits architecturaux typiques et du matériau de construction, la *pietra serena*, qui servait à souligner les éléments architectoniques, tels que maçonneries, angles, encadrements ou pilastres. Tout de noir vêtu, on pourrait trouver à Bartolomeo un air austère, mais sa barbe rousse et pointue, le pourpoint rouge que l'on devine sous son habit insufflent à cette sévérité une touche de vie et de passion contenues. À la main, il tient un livre fermé, peut-être celui de Baldassare Castiglione, *Le Livre du courtisan*, paru en 1527. C'est du moins ce que suggère l'association de cet objet de culture intellectuelle avec l'épée qu'il porte au côté droit, le papier et le fer étant les deux attributs essentiels du parfait courtisan. C'est un homme lettré mais aussi vigoureux, comme le rappelle, sous son bras gauche, la tête de chien noir qui nous regarde, et qui est un symbole de virilité, de fidélité et de noblesse. Le mélange de noir et de rouge de sa tenue rappelle les armes de sa famille, que l'on voit contre une paroi, dans un petit écusson.

Sa femme, elle, est représentée dans un décor d'intérieur, devant une alcôve encadrée de deux sombres pilastres en *pietra serena*. Elle est toute la lumière du tableau. Sa robe rouge, ses cheveux roux encadrent la blancheur de sa peau, et s'allient à merveille avec ses fastueux bijoux. Les étoffes de ses vêtements sont plus somptueuses, plus tactiles encore que celles de son mari, les manches de son pourpoint d'un violet profond. Outre un collier de perles auquel est pendu un médaillon, une chaîne d'émail et d'or court tout autour de son cou avec les mots : « Amour dure sans fin », en français dans le tableau, une allusion à l'amour divin. Elle semble juste interrompre une lecture religieuse et un livre pieux est posé, ouvert, sur son genou droit. Sa main gauche porte une alliance qui indique que c'est une femme mariée. Les époux représentent chacun une face de la vie florentine, la vie publique et la vie privée, tout en renvoyant chacun à celle dont ils sont exclus (le pourpoint rouge de Bartolomeo, le regard souverain de Lucrezia).

Ces peintures pleines de symboles, d'un luxe éclatant, tranchent avec le réalisme cru de l'image du Christ, où il n'y a rien de caché. Pourtant, les marques de piété de Lucrezia Panciatichi, l'alcôve de son appartement trouvent leur prolongement dans le tableau du *Christ*, dans la niche architecturale de même pierre et le sang du Christ, rouge lui aussi, qui coule des pieds sur la pierre. Ces grands bourgeois, ces aristocrates, étaient pleins d'une véritable ferveur religieuse. Exposé dans leur chapelle personnelle, le *Christ* devait donner l'impression de laisser ruisseler son sang au cœur même de leur pièce de dévotion.

De l'avis unanime des visiteurs, la salle des Panciatichi a été le lieu le plus bouleversant de l'exposition Bronzino de 2010. Le public, qui le considérait comme un peintre de cour, a été touché de voir à côté de tableaux de la plus grande finesse et du plus grand luxe une scène aussi simple et profonde que celle du Christ mort sur la Croix. On découvrait un autre Bronzino, connu de quelques spécialistes seulement. Bronzino se révéla finalement... Le peintre qui, sans cela, aurait pu sembler frivole, maniéré, a gagné en profondeur. Ce qui se jouait dans cette pièce, où l'on a pris la mesure des dessous religieux de l'éclatante vie sociale florentine, c'était, avec l'image de Bronzino, toute notre vision du monde de cour dans la Florence du XVIe siècle. En sortant du palais Strozzi, cinq ans après notre conversation de l'Institut national d'histoire de l'art, Michel m'appelait de son téléphone portable : « Philippe, m'a-t-il dit, un brin d'excitation dans la voix. Je mets toute la poussière de Canossa sur mon visage. Je viens de voir le *Christ*, le tableau est sublime. La France possède un second chef-d'œuvre de Bronzino dans ses collections. »

Cette fois-ci, il l'avait *vu*.

2.

Comment suis-je devenu un œil ?

L'histoire de l'art a l'image d'un cursus d'études idéal pour jeunes gens de bonne famille. Pourtant, nombre des œils les plus remarquables ne sont pas issus d'un milieu social privilégié, tels Bernard Berenson ou Roberto Longhi, pour ne citer que deux figures sur lesquelles je reviendrai. Néanmoins, la fréquentation des belles œuvres, l'imprégnation de la beauté demeurent et resteront toujours les conditions indispensables à l'éclosion d'un grand historien de l'art. S'il n'y est pas poussé par son milieu, l'œil peut être appelé à son métier par un choc esthétique mais, quoi qu'il en soit, et tôt plutôt que tard, le musée doit devenir son lieu d'éducation. Toutefois, en ce qui me concerne, mon milieu aura joué un rôle certain dans cet apprentissage. Mes grands-parents maternels m'ont élevé dans les conditions les plus favorables à mes prédispositions. Je leur ai été confié très jeune, avec ma sœur, quand nous avons perdu notre père, tandis que notre mère entreprenait des études de médecine à Paris. Jusqu'à l'âge de neuf ans j'ai grandi dans leur villa, surplombant la ville de Nice, dans un décor grand-bourgeois des années 60. Mon arrière-grand-père maternel avait été le chirurgien de Renoir. Sur l'un des murs du salon étaient suspendus des portraits de mon arrière-grand-mère et du frère de mon grand-père, signés du peintre. Je me souviens aussi de l'impression que fit sur moi un tableau datant de la jeunesse de Picabia. Cette famille n'était pas une famille d'intellectuels, mais elle avait un profond intérêt pour le beau. Dès ma petite enfance, le jeudi était le jour des excursions culturelles et mon grand-père, qui avait la passion des musées, m'emmenait voir des expositions aussi souvent que possible. Il était médecin, comme son père. La famille, originaire des Pyrénées, était anticléricale de tradition. Mon arrière-grand-père Prat, fils d'un instituteur de la région de Lourdes, était venu s'installer sur la Côte d'Azur au moment où elle servait de lieu de villégiature à toute l'Europe. Il y avait connu Renoir. Mon grand-père, lui, y avait rencontré ma grand-mère, une femme brillante issue d'une lignée de bourgeois lorrains qui avaient fait fortune au XIXe siècle, les Gautier, et qui délaissaient Paris pour Nice en hiver. C'est à ma grand-mère que nous devions le superbe mobilier de la maison, signé des plus célèbres ébénistes du XVIIIe siècle. Les expositions vues étant petit m'ont apporté beaucoup, même si nous étions loin de Paris et des grands musées. Pourtant, c'est aux vacances d'été, que nous passions loin de ces respectables institutions, que je dois les plus précieux moments de formation de mon enfance.

Avec mon frère, ma sœur, mon cousin et ma cousine (j'étais le petit dernier), nous passions le mois d'août en Charente, près de Confolens, où nous pêchions, parcourions à la recherche de champignons la campagne environnant notre propriété familiale bâtie au début du XXe siècle, quand nous ne jouions pas dans le parc, à l'ombre des façades recouvertes de lierre. Ces vacances étaient une expérience de liberté, ponctuée de sorties plus solennelles. Nous quittions la propriété de Lesteri (c'était son nom) en grand équipage : avec deux voitures, le cortège des dames, éternelles compagnes de bridge de ma grand-mère, nous partions découvrir les vestiges du monde roman, du monde gothique, qui marquaient les abords de la route de Saint-Jacques-de-Compostelle. Nos deux buts d'excursion favoris étaient les églises romanes et les châteaux médiévaux des environs, aussi célèbres que La Rochefoucauld, Mortemard ou Pompadour, que ma grand-mère affectionnait particulièrement. Nous n'avions pas de tablettes de lecture et les guides exposant l'histoire des monuments étaient plutôt rares. L'imagination jouait donc un rôle très important dans nos visites, nous n'avions que nos intuitions pour faire parler les vieilles pierres. Nous aimions rêver sur les motifs, les gargouilles, ou un couple de lions se livrant bataille sur un chapiteau. L'analyse était très désordonnée, personne n'allait au bout de ses idées, mais je garde de ces sorties le souvenir de véritables fêtes familiales. Nous avions beau ne pas apprendre grand-chose, ces discussions étaient une formation du goût et nous rendaient sensibles aux effets de détail, aux impressions d'ambiance. Pour tempérer le caractère joyeux des vacances, nos grands-parents nous envoyaient à l'école communale de Saint-Maurice-des-Lions, le village qui jouxtait la propriété, pour y recevoir quelques heures de cours chaque matin. L'école, à mon souvenir toute de verre et de bois, était située au pied d'une église romane dont nous étions très fiers et dont nous connaissions le moindre détail ornemental. Je pense que mes lectures, Dumas, Flaubert, m'inculquaient un esprit d'aventure et de mystère qui me préparait à apprécier ces édifices.

Le côté vaniteux de nos sympathiques familles, pensant toujours disposer d'un mobilier plus beau et plus raffiné que celui du voisin, nous avait taillé malgré tout notre petit domaine d'expertise, mis à contribution lors de la visite des châteaux, où nous nous intéressions de près à l'ameublement. Nous n'avions pas dix ans que nous savions distinguer, mes cousins et moi, le mobilier Louis XVI du mobilier Louis XIII ou du Louis XV… Mais regardions-nous en ces instants les tableaux accrochés aux murs ? Je ne le crois pas, la peinture n'était considérée chez nous comme digne d'intérêt que si elle portait le nom des plus grands maîtres et se trouvait accrochée sur les cimaises d'un beau musée. Quel gâchis ! J'aimerais parfois retourner dans ces nobles demeures où l'on pourrait à coup sûr faire encore quelques découvertes, alors qu'enfant j'y suis passé sans rien voir.

Tout ce que j'ai appris à regarder de manière ludique ou encyclopédique a trouvé une autre résonance le jour où mon grand-père m'a emmené à l'inauguration de l'exposition du Musée imaginaire d'André Malraux à la fondation Maeght de Saint-Paul-de-Vence, en juillet 1973. Cela a été mon premier choc artistique profond. Il m'est devenu évident ce jour-là que l'art pouvait traduire une pensée. André Malraux avait juxtaposé des œuvres gothiques, des œuvres romanes, avec des œuvres classiques et des œuvres khmères, montrant clairement qu'il existait une *koinè*, une langue commune des œuvres d'art, et que des motifs identiques se retrouvaient en des lieux et des moments différents, sans l'intermédiaire d'aucune influence, comme des opérations de l'esprit humain identiques et indifférentes à leur situation dans l'espace ou le temps. Lorsque je suis arrivé à Paris avec ma sœur en 1969 pour rejoindre notre mère dans notre appartement de la rue des Saints-Pères, Paris représentait déjà pour nous, malgré notre jeune âge, *la* capitale où se réaliserait notre destin, synonyme d'émancipation pour ma sœur, d'accès nouveaux à tous les objets qui demandaient à être vus et dont la fondation Maeght révéla quelques années plus tard le royaume insoupçonné pour moi. L'arrachement à notre vie niçoise était douloureux, mais fut décisif pour ma formation. De mon arrivée au passage de mon bac, en 1977, j'allais m'abandonner avec boulimie à la fréquentation des œuvres d'art sous toutes leurs formes sans restriction, fréquentation essentielle à la formation de mon œil. Aujourd'hui encore, je n'entre pas dans un musée sans aller voir les départements d'art africain, islamique, asiatique ou océanien, de sculptures ou d'objets d'art, et je ne quitte pas une ville sans avoir visité les musées d'art moderne et contemporain, car notre culture est faite de cette connaissance d'ensemble.

Mon adolescence à Paris a été le temps des musées. En quelques années j'ai vu tous les établissements, toutes les expositions. Ma nounou, Aline, se formait en même temps que moi, le jeudi, jour de sortie. Nous avons vu les musées les plus connus et les plus confidentiels. Nous marchions dans les ateliers d'Eugène Delacroix ou de Gustave Moreau, chacun de notre côté ; je m'extasiais à Guimet, le musée des arts asiatiques avenue d'Iéna, en face des musées d'art moderne, ou encore à la porte Dorée, au musée des Arts africains et océaniens. J'appréciais les ambiances, un monde totalement nouveau pour le gamin de province que j'étais, et je me passionnais pour le XVIIIe siècle français... J'ai ainsi adoré les musées Nissim-de-Camondo et Jacquemart-André. J'aimais aussi beaucoup Carnavalet, probablement à cause de ma passion pour l'histoire. Aux Arts décoratifs, j'étais en présence d'un répertoire de formes plus connues, mais c'est dans ses salles que j'ai découvert l'Art nouveau. Je me souviens encore du choc esthétique qu'a provoqué en moi *Impression, soleil levant* de Monet, qui se trouvait au musée Marmottan, à la Muette. J'ignore si j'y avais été préparé par les tableaux de la maison de Nice ou si l'on m'en avait parlé. Il était exposé avec quelques *Nymphéas* dans l'hôtel particulier, garni de mobilier Empire. C'est au contact des œuvres tardives de Monet, celles exposées à Marmottan, mais aussi des grandioses *Nymphéas* du musée de l'Orangerie que naquit, je crois, mon premier intérêt pour la création contemporaine.

L'atmosphère des musées était très différente à cette époque. Ils n'avaient rien des outils de culture qu'ils sont devenus aujourd'hui, c'étaient des espaces beaucoup plus intimistes, où il n'était pas rare de se retrouver seul à seul avec les chefs-d'œuvre... Dans les salles d'antiquités du Louvre, je me perdais au milieu des vases grecs. J'avais rêvé avec l'*Iliade*, l'*Odyssée*, la mythologie classique et les amours des dieux me passionnaient, de même que les histoires les plus obscures de la Bible, ces grands codes de la culture devenus mystérieux à tant de monde. Quand mes grands-parents venaient de Nice, ils s'installaient en face de chez nous, à l'Hôtel des Saints-Pères, et mon grand-père Prat m'emmenait personnellement au musée. Nous prenions l'autobus à passerelle carrefour de la Croix-Rouge, ligne 39, ou, quand nous prenions le métro, parfois nous nous hâtions, dans un grand éclat de rire, d'atteindre à temps le centre du quai, où nous montions dans la voiture rouge solitaire du milieu de la rame, la voiture de première classe. J'étais son compagnon de visite. Il me disait : « Tu deviendras chirurgien, enfin... chirurgien ou conservateur... Tu seras sans doute conservateur. »

Il m'avait bien compris.

Je progressais tant bien que mal dans mes études. Je cherchais à être populaire plutôt que bon élève. Nous avions, ma sœur et moi, peu de goût pour le travail scolaire, seules l'histoire et la géographie m'intéressaient. À côté des musées, je me faisais une formation esthétique de tous les sens. Nous allions parfois aux jeudis de la Comédie-Française, où j'ai vu pour la première fois *Andromaque* de Racine, qui a été un choc que la littérature, elle, ne m'avait procuré jusque-là qu'avec *Salammbô* de Flaubert. À l'occasion de chacune de nos vacances, nous retournions à Nice par le Train Bleu de 19 h 30. Nous nous allongions dans les wagons-lits et le lendemain nous descendions fièrement du train, devant nos grands-parents, notre frère, nos cousins, nous étions impatients de leur raconter notre vie parisienne, qui devait les exaspérer prodigieusement. Un jour mon grand-père paternel, un industriel qui devait recevoir la rosette de la Légion d'honneur à Nice, nous a fait prendre l'avion pour la première fois. À l'époque, la Caravelle partait pour Nice d'Orly-Sud, à la porte zéro. En raison de notre jeune âge, il nous avait pris des billets de première classe. Nous étions assis au premier rang et de l'autre côté de l'allée une dame a dit à l'hôtesse qu'elle s'occuperait de nous durant le voyage. Notre grand-mère, qui nous attendait sur le tarmac, ne s'en est pas remise. Nous sommes descendus les premiers de l'avion, chacun tenant une main de la femme élégante, qui portait un manteau et un tambourin de vison. C'était Maria Callas.

Je suis beaucoup allé à l'Opéra, dont chaque représentation se regarde comme un tableau, au même titre que les tragédies de Racine. Toutes ces expériences étaient très symbolistes. Elles faisaient sentir la dimension liturgique, sacrée et merveilleuse de l'art, prolongeant très bien mon engouement antérieur pour le gothique. Les dimanches matin, quand on nous envoyait à la messe, nous courions nous réfugier au drugstore de Saint-Germain-des-Prés, ouvert vers 1965, à l'emplacement de l'actuel magasin Armani, avec son décor créé par Slavik tellement caractéristique de son époque, avec des box en cuir capitonné et chrome doré qui faisaient penser à des habitacles de voitures début-de-siècle. Au lieu de nous rendre dans la belle église gothique où, à défaut de suivre la messe, j'aurais pu rêver devant les grands tableaux des XVIIe et XVIIIe siècles, comme l'*Entrée du Christ à Jérusalem* de Laurent de La Hyre, ou admirer les fresque peintes au XIXe siècle par Hippolyte Flandrin, nous lisions des bandes dessinées au sous-sol du drugstore, jusqu'au jour où notre mère nous a pris en flagrant délit et a estimé qu'il valait autant nous dispenser d'église. C'était un comble qu'une telle décision intervînt aussi tard, pour une famille anticléricale, mais la religion avait un caractère social qui justifiait qu'on nous y familiarise par bienséance, et, de plus, nos grand-mères étaient toutes issues d'un milieu catholique. Je dois à ce souci des conventions l'une des recommandations les plus importantes que j'aie jamais reçues. Le père supérieur de l'Institut Bossuet, rue Guynemer où j'étais scolarisé, m'a répondu, lorsque je lui ai fait part, au début de ma première année, de mon souhait d'être dispensé de messe parce que je ne croyais pas en Dieu : « Vous avez bien de la chance, jeune homme, c'est une chose formidable d'avoir des certitudes dans la vie ! »

Il a dit cela d'un ton ironique et pénétrant qui a fait que je n'ai plus jamais été aussi sûr de moi. J'ai fini par me faire de cette réponse une maxime générale, dans mon métier lui-même, convaincu qu'il faut toujours être prêt à tout remettre en question et ne pas s'en tenir aux certitudes acquises. De même qu'une intuition, une attribution doit être étayée pour être reconnue.

Le drugstore était au centre de la vie de Saint-Germain-des-Prés. Le samedi ou le dimanche nous nous installions dans l'un de ses box et dégustions les glaces alors spectaculaires qu'on y commandait, surmontées de chantilly et d'ombrelles chinoises, avant de nous rendre au cinéma. Mon goût du cinéma remonte à cette époque qui était aussi celle de la Nouvelle Vague. Malgré notre jeune âge, nous avons vu *La Maman et la Putain* comme *Les Quatre Cents Coups*. *2001, l'Odyssée de l'espace* de Stanley Kubrick a été un événement aussi fondamental pour mon rapport à l'image que la découverte des grandes œuvres impressionnistes. Je me souviens encore de l'émotion provoquée en moi par les décors du mystérieux appartement que le personnage explore à la fin, un intérieur vide qui allie du mobilier ancien à des parois dénudées et un sol ultra-moderne, de verre opaque, où des lattes métalliques divisent de vastes carreaux, à travers lesquels la lumière se diffuse de manière déroutante, en un lieu que n'éclaire plus le soleil ni les lampes, où la lumière vient d'en bas et s'étend de manière homogène, sans ombres. Avec l'*Odyssée de l'espace*, je comprenais qu'un film est une succession de plans que l'œil peut appréhender comme des tableaux. C'était moins un récit qu'une aventure saisissante du regard. J'ai passé deux heures agrippé à mon siège, effrayé et fasciné. Après la chambre minimaliste, je n'ai pas été surpris le jour où j'ai vu le *Carré blanc sur fond blanc* de Malevitch.

L'année de mon arrivée à Paris, ma grand-mère décida de vendre une propriété qu'elle possédait en Lorraine, où elle se rendait fort peu ; elle fit appel à un jeune antiquaire corse, François Biancarelli, pour l'écoulement d'une partie du mobilier. C'est ainsi que j'ai rencontré assez tôt un homme du métier. Sur le palier de la maison de mon oncle, en Provence, en prévision de la vente étaient entassés des commodes, des secrétaires et des tables de toutes formes, des fauteuils, des chaises. François m'a montré comment distinguer le vrai du faux, déterminer l'état de bonne conservation des pièces. Au cours des années suivantes, François et sa femme Dominique m'adoptèrent et m'emmenèrent avec eux sillonner les musées de province. Nous décortiquions les œuvres d'un regard radicalement différent de celui de mes grands-parents ou de ma nounou. Leur métier les obligeait à comprendre et à connaître les choses qu'ils avaient sous les yeux. Notre œil ne pouvait pas se contenter de voir, il devait regarder et poser des questions aux objets. Le musée, outre un lieu de plaisir, était pour eux le meilleur outil à disposition pour la formation. Ils m'ont emmené en Italie. À Rome, par ailleurs, j'ai effectué un séjour linguistique d'un mois, chez un confrère de mon grand-père. J'y ai vu tous les musées, mais ce n'est pas cela qui me retenait au premier chef. L'intérêt que j'avais pour l'Italie était celui d'un adolescent fasciné par le cinéma, *La Dolce Vita* ou *Violence et passion*, qui découvre les rues et les ambiances de Rome. Cette découverte ne devait pas être bien différente de celle que pouvait faire de la ville un jeune artiste en 1802 : c'était mon choc stendhalien à moi. Les églises baroques, les palais où les tableaux des grandes collections étaient disposés à touche-touche, dans un désordre hostile à toute pédagogie, mais non sans charme décoratif, les volets entrouverts pour empêcher la chaleur du jour de pénétrer dans les pièces, tout cela rendait difficile pour un adolescent l'abord précis des œuvres. Je pénétrai pourtant, pour la première fois, dans ces ambiances que seuls, sinon, les films de Luchino Visconti et Federico Fellini m'avaient fait entrevoir. François, qui parlait excellemment italien et qui avait une fine connaissance de l'histoire, a été par la suite un guide idéal dans ce pays. J'ai tellement pris goût à nos escapades qu'arrivé en dernière année de lycée, je décidai de prendre italien en première langue, à la place de l'anglais, un choix judicieux qui me permit d'obtenir le baccalauréat comme prévu, en 1977, avec de bons résultats en histoire. Je n'avais pourtant alors aucune idée de ce que l'Italie deviendrait pour moi. Paradoxalement, c'est à la National Gallery de Londres, où je me suis trouvé un mois pour un autre séjour linguistique chez des amies de mes grands-parents, que j'ai eu un avant-goût de ce que pouvait être la peinture italienne, en particulier devant les grandes vues de Venise peintes par Canaletto au XVIIIe siècle. Je crois que la *Régate sur le Grand Canal* fut alors le tableau qui me plut le plus. On voit, sur les deux rives, s'allonger le défilé des façades, ornées de drapeaux aux couleurs vives. Des rameurs athlétiques mènent leurs gondoles solitaires au milieu d'une foule chamarrée. Des femmes, dans des cabines, assistent placidement à la scène, tandis que leurs gondoliers agitent de petits mouchoirs blancs, et que de grands bateaux pleins de spectateurs font resplendir sous le soleil d'été leurs parures rouge, bleu et or. Mais cette impression se mêlait à d'autres, les teintes vert d'eau et la chair translucide de l'*Olympia* de Manet, vue au Courtauld Institute, les sons déchirants d'un concert donné par Yehudi Menuhin au Royal Albert Hall, où m'avaient emmené les deux femmes. Le soir je dînais avec elles, la journée je vaquais à mes occupations. J'ai visité tous les musées de la ville et arpenté un bon nombre de kilomètres carrés.

Le baccalauréat en poche, il ne me venait pas à l'esprit d'étudier autre chose que l'histoire de l'art. J'avais en plus cette idée folle inculquée par mon grand-père de devenir conservateur. Il n'y avait que deux possibilités d'entrer dans la carrière, passer par l'École des Chartes, ce qui au vu de mes résultats scolaires était chose impossible, ou effectuer un double cursus à l'École du Louvre et à la Sorbonne, en histoire. L'École du Louvre forme l'œil et son cours d'histoire générale de l'art donne une vision d'ensemble indispensable au connaisseur, alors que l'université a tendance à fragmenter les domaines d'études en champs de spécialisation, mais elle apporte un complément essentiel à cette formation esthétique en permettant de l'inscrire et de la situer dans l'histoire de l'activité humaine, qu'elle ait été politique, économique, sociale, religieuse ou technique. Je voulais étudier le XVIIIe siècle vénitien dont je m'étais entiché avec les Canaletto de Londres et les fresques de Tiepolo du musée Jacquemart-André. C'était une peinture joyeuse qui convenait parfaitement à mon tempérament décousu. À mon grand désarroi, l'École du Louvre ne proposait aucun enseignement dans ce domaine, si bien que je me suis trouvé à courir quatre cours de spécialité différents au début de l'année. J'ai vite abandonné l'histoire du mobilier, sans doute à tort, car le cours ne se proposait que de nous présenter les décors du palais des Tuileries et du château de Saint-Cloud, détruits en 1870 ! Je n'ai suivi les leçons sur l'impressionnisme qu'en dilettante, n'hésitant pas à m'en dispenser quand les semaines étaient trop chargées. C'était d'ailleurs le début d'une désaffection qui n'a cessé qu'autour de l'âge de quarante ans, quand je me suis mis à le redécouvrir, après avoir arpenté les salles qui lui sont dédiées à l'Art Institute de Chicago notamment. Mais les deux autres cours m'ont tellement bouleversé que je n'aurais pas pu imaginer les sacrifier. L'un de nos plus grands penseurs, Gérard Régnier, connu sous le nom de plume de Jean Clair, donnait une leçon d'art contemporain remarquable sur Duchamp et Malevitch. Malgré mon intérêt pour le sujet, je n'en avais encore jamais entendu parler, ce qui atteste l'amateurisme de ma famille en matière d'art. Ce professeur brillant nous introduisait à une sphère de questionnements conceptuels qui m'avaient fait entièrement défaut jusque-là, alors que l'enfance des œils, bien souvent, est imprégnée de culture intellectuelle. Mais c'est le cours de peinture italienne consacré à Piero della Francesca qui a été décisif. Lorsque j'ai pris place dans le grand amphithéâtre de l'École du Louvre, je ne connaissais ni Michel Laclotte, ni Piero della Francesca, ni le *Quattrocento*, et l'œuvre de ce célèbre peintre de l'Italie centrale m'a moins frappé que la personnalité de Michel Laclotte. Ce n'est pas peu dire. Sa voix me fascinait, elle résonnait en moi comme la voix d'un grand homme, la première qu'il m'était donné d'écouter. Michel Laclotte était alors directeur du département des peintures du Louvre, qu'il avait réorganisé à la demande d'André Malraux. Ses cours extrêmement préparés, débordants d'érudition, suggéraient la possibilité d'un rapport avec l'art qui n'était ni celui de ma famille ni même celui de François Biancarelli, très cultivé lui aussi, mais l'abordant du point de vue d'un marchand. J'ai décidé que je passerais mes examens de fin d'année en peinture italienne.

Au milieu du chaos de la semaine de rentrée, entre les allers-retours du Louvre à la Sorbonne et de la Sorbonne au Louvre, se détachant du groupe des nouveaux étudiants réunis pour la première de nos traditionnelles visites, j'ai fait deux autres rencontres capitales, celle d'Anne Fabre, dans les galeries italiennes du musée du Louvre, et celle de Christine Poulain, dans les salles du centre Pompidou, sans lesquelles ma vie n'aurait pas été la même. Je ne sais pas comment, au milieu de l'activité engendrée par la préparation des deux diplômes, nous avons trouvé le temps de passer tant de temps à la terrasse ou dans les salles enfumées des cafés, mais l'année s'est écoulée, studieuse et pourtant pleine de moments riches en émotion et en amitié.

À la rentrée de 1978, Michel Laclotte nous a quittés. On l'avait chargé de diriger l'équipe de préfiguration du musée d'Orsay, créé dans les murs de l'ancienne gare, où il se transportait avec une partie de son fonds de peintures. J'avais perdu mon maître. Sylvie Béguin, qui préparait une grande exposition sur Raphaël prévue au Grand-Palais, le remplaçait à sa demande. Il avait pensé que lui confier un cours sur le sujet serait la garantie d'une exposition bien préparée. J'étais assis au premier rang avec Anne Fabre quand a commencé la première séance, deux heures bordéliques et bourrées d'érudition qui ne pouvaient que me conquérir. Je n'ai pas quitté mon poste de toute l'année. Les lecteurs attentifs de *L'Officiel des spectacles* ou de *Pariscope* ont pu remarquer, quelques mois plus tard, que le musée du Palais de Tokyo, alors sorte de réserve visitable du musée du Louvre, installé dans les locaux de l'ancien musée national d'Art moderne, accueillait une petite exposition consacrée à *Pérugin et ses élèves*, Raphaël exclu, exposition réalisée par les étudiants les plus assidus de Sylvie Béguin. Elle nous avait chargés d'examiner par petits groupes les tableaux de l'atelier du maître de Raphaël. Il nous fallait évaluer leur état de conservation, déterminer les besoins éventuels de restauration. C'était ma première expérience d'un contact direct, tactile, avec des œuvres que n'importe quel amateur pourrait trouver mineures mais qui nous semblaient extrêmement importantes. Dirigés par Dominique Thiébaut, jeune conservatrice nommée par Michel Laclotte au département des peintures du Louvre, nous rédigions des notices pour un petit catalogue, nous apprenions à utiliser nos sources, à faire une bibliographie sans erreur. C'était une chance exceptionnelle. Le résultat a été apprécié par le public, et nos recherches furent utiles pour l'exposition Raphaël de 1984. L'année qui s'était ouverte sur un événement fâcheux a été un moment capital de ma vie. Je suis passé du *Quattrocento* au *Cinquecento*, je me suis fixé dans l'Italie, et j'ai trouvé dans mon professeur une femme qui serait un soutien et une amie dans la suite de ma vie.

Au terme de notre année, il ne manquait à Anne et à moi-même que d'avoir fait un Grand Tour pour être des historiens d'art accomplis. Nous sommes ainsi partis pour l'Italie, en 2 CV, Anne au volant (je n'avais pas encore mon permis), afin de voir ce que nous venions d'étudier. À Florence, notre première étape, nous avons pu voir tout ce dont nous avions déjà pris connaissance par diapositives, et, grâce aux réseaux de Sylvie Béguin et de François Biancarelli, nous avons pénétré pour la première fois dans ces demeures italiennes dont la littérature seule nous avait donné quelque idée. Puis nous avons fait route pour Sienne, où notre voiture a coulé une bielle, nous obligeant à poursuivre en train jusqu'à Rome. Mais c'est la visite de l'Ombrie et de l'Émilie-Romagne, avant d'aborder la Vénétie puis de rentrer à Nice en passant par Milan, qui a constitué le véritable nerf de notre escapade. Grâce à la *Guida Rossa*, le « Guide Rouge », un outil exceptionnel développé par l'office du tourisme italien avec l'aide des historiens de l'art, l'amateur peut parcourir toutes les petites églises de la campagne italienne accompagné de notices consacrées à chaque lieu, avec des éclairages historiques et un bref descriptif des œuvres visibles. Cela permet une promenade au cœur du plus grand répertoire dont l'œil dispose pour sa formation, la fréquentation d'une multiplicité d'informations visuelles que l'on emporte avec soi sans savoir si elles seront utiles, et qui finissent toujours par l'être. Les petites églises de la campagne italienne sont pleines d'un monceau d'objets artistiques qui habituent l'œil à bouger vite, à passer avec agilité d'un tiroir à l'autre du meuble de la mémoire, le XVIIIe siècle succédant au *Trecento*, précédant le *Cinquecento*, suivi du XVe... Avec le temps, on finit par pouvoir se passer de la *Guida Rossa* et on commence à attribuer soi-même. C'est dans le prolongement de ce voyage que j'ai pu devenir incollable sur certains artistes de la *Guida Rossa*, comme Vincenzo Tamagni, connu des seuls spécialistes, que j'ai découvert quelques années plus tard en allant à la plage en Toscane, et dont je distingue aujourd'hui aisément la main.

Les œuvres vues dans la campagne se présentent hors de tout contexte d'attribution. Contrairement à un tableau de Poussin qui se trouve au musée parce qu'il est de Poussin, les fresques de Piero della Francesca sont dans l'église Saint-François d'Arezzo parce qu'elles ont été conçues pour s'y trouver et s'y accordent. L'œil doit faire cette expérience des œuvres *in situ*. Il manquerait d'ailleurs une aventure et un décor des plus pittoresques s'il ne s'y rendait pas. Il faut aller chercher la clé de l'église chez l'épicier, accéder à la chapelle, située au sommet, en remontant une allée de cyprès secouée par le vent. Puis on pousse la lourde porte, on cherche l'interrupteur de la petite lumière, et on peut voir apparaître une fresque aussi célèbre que la *Madonna del Parto* de Piero della Francesca, qui a traversé les siècles et provoque aujourd'hui encore le choc que l'artiste voulait faire éprouver aux pèlerins du XVe siècle. Il était beaucoup plus facile de ressentir toute cette émotion de découverte dans les années 70, quand l'art n'était pas encore « starisé »... Qui veut voir la fresque de Piero della Francesca aujourd'hui la plupart du temps doit payer, défiler avec un groupe de cinq personnes devant la peinture gardée sous verre, et les mauvais jours il pourrait être tenté de partir sans rien voir !

Lors de mes études sur le *Cinquecento*, je fus particulièrement attiré par celle des portraits de Raphaël. C'est une passion que je partageais avec Anne Fabre, et nous projetâmes donc de faire notre thèse en tandem, ce que Sylvie Béguin accepta avec enthousiasme. Sylvie nous conseilla de nous rendre à Florence chez Luisa Becherucci, l'une de ses collègues italiennes spécialiste du maniérisme florentin, pour discuter du projet de thèse. Cette ancienne directrice du musée des Offices était la grande dame de l'art dans la ville, depuis qu'en 1944 elle avait fait paraître, alors que la ville de Florence subissait ses pires bombardements, un livre sur les maniéristes toscans. Nous sommes arrivés à l'heure du thé dans un appartement très sombre, chargé de décorations d'un autre temps, de genre 1880. « Je ne bois pas de thé, désirez-vous du whisky ? » nous a-t-elle demandé. Nous ne pouvions pas dire non. Nous l'avons écoutée en buvant notre verre et en essayant de ne pas trop grimacer, car nous détestions le whisky. À l'époque les sujets de prédilection pour les thèses ou les mémoires étaient surtout des sujets monographiques. Les portraits avaient cette difficulté de constituer un sujet historique, plus révélateur d'une époque que d'un artiste, et contenant nombre d'œuvres de peintres mineurs, un corpus difficile à relier, parfois même à attribuer. Ces difficultés rendaient en un sens le sujet fascinant. Luisa Becherucci, en tout cas, était enthousiaste et nous avons décidé de nous installer à Florence pour entreprendre cette recherche.

Nous avons dû faire preuve de beaucoup de conviction devant nos familles, car à leurs yeux ce départ passait pour un caprice. Peu avant que nous ne quittions Paris, une autre amie, qui travaillait sur les peintures italiennes du musée Condé à Chantilly, a décidé de venir s'installer avec nous. Les deux filles, plus organisées que moi, avaient trouvé à l'avance un appartement près du Dôme. Elles m'accueillirent quelque temps à notre arrivée, jusqu'à ce que j'aie pu louer moi-même un petit appartement à l'opposé du leur, de l'autre côté de l'Arno, près de la Porta Romana. Le Kunsthistorisches Institut de Florence, sans doute la plus importante bibliothèque dédiée à l'art italien dans le monde, est vite devenu notre quartier général. Nous y trouvions tous les livres dont nous avions besoin, et nous disposions de son irremplaçable photothèque, sans laquelle nous ne serions jamais arrivés au bout de nos peines. Entre octobre 1980 et juin 1981, nous avons fait des photocopies de tous les portraits en essayant de dégager des ensembles et des ordres cohérents. Fort des lettres de recommandation signées (en blanc !) par notre professeur, nous avons rencontré des personnalités précieuses, qui nous ont beaucoup appris sur nos artistes et qui nous ont fait pénétrer jusque dans les sacro-saintes réserves des musées florentins, où se trouvaient non seulement les portraits, mais aussi d'autres tableaux de nos artistes. Nous avons commencé à réattribuer, c'était un travail de l'œil pur, nous devions constituer des groupes à partir d'œuvres documentées et corriger ce que nous pensions ne pas être bon.

L'année suivante, le Kunsthistorisches Institut a fermé ses portes pour travaux. C'était un coup dur. Depuis quelques mois nous avions pris tous les trois un nouvel appartement, place Santa Croce dans un palais dont la façade était peinte à fresque, le Palazzo dell'Antella, et où nous arrivions à mener grand train avec nos maigres moyens. Nous étions beaucoup plus sûrs de nous, nous connaissions du monde, avions nos amis, et notre terrasse était devenue un sympathique lieu de sociabilité. Ce n'était pas du temps perdu, l'histoire de l'art est faite de ces sortes d'échanges. Avec la fermeture du « Kunst » nous avons dû bouleverser nos habitudes. Nous nous sommes rabattus sur la bibliothèque et la photothèque de la villa I Tatti, le centre de recherche de l'université Harvard pour la Renaissance. Dans un cadre moins intellectuel que celui du « Kunst », mais dans une atmosphère féerique issue tout droit des romans d'Edith Wharton, j'ai appris à appréhender les livres et tous les instruments nécessaires à l'élaboration d'un rigoureux travail universitaire. Le Kunsthistorisches Institut, malgré son prestige, est un établissement monodisciplinaire, tandis que je naviguais à I Tatti dans toutes les ressources de l'histoire politique, de l'histoire religieuse et de la musicologie indispensables à la bonne compréhension des portraits. L'édifice, légué par Bernard Berenson à l'université américaine, se trouve à l'écart de la ville, à flanc de colline, non loin de Settignano. On s'y rendait à vélo, et au début, il faut l'avouer, nous étions contraints de pousser nos bicyclettes sur le dernier raidillon qui menait à l'entrée de la villa tellement c'était abrupt. À la fin de l'année, nous arrivions tout frais sur le terre-plein où l'on garait toutes sortes de véhicules, des voitures à nos vélos, en passant par le petit tracteur de la propriété. Quand nous ne refaisions pas le monde dans l'oliveraie attenante, nous poursuivions l'étude des portraits, nous progressions dans l'analyse des détails stylistiques de chacune de nos œuvres et nous comprenions beaucoup de choses sur les problèmes de conservation spécifiques aux tableaux qui nous intéressaient. Parallèlement aux recherches menées pour notre mémoire, le directeur de la Galleria Palatina, musée situé dans les appartements d'apparat du palais Pitti, la résidence principale des Médicis à Florence, nous avait confié le soin d'examiner les tableaux florentins du début du XVIe siècle exposés sur ses murs. Cela fut une chance inouïe pour nous, car nous pouvions prendre en main et retourner les tableaux, permettant à notre œil de pénétrer dans la couche picturale. Une attribution défendable, nous est-il alors apparu, ne pouvait pas se baser sur une simple photographie, car le support matériel des tableaux disait beaucoup sur leur histoire. Les tableaux des collections Médicis exposés sur les murs du palais Pitti étaient plutôt en bon état de conservation et ainsi, il devenait évident que, dans certains cas, l'état de détérioration des œuvres était tel qu'il interdisait la formulation d'un avis fiable sur l'image qu'on distinguait en surface.

Les voyages en dehors de la Toscane nous sont apparus nécessaires au cours de l'année 1982. Nous commencions à bien connaître les collections de la Galerie des Offices et du palais Pitti, les deux grands musées florentins, et il nous fallait étudier les tableaux visibles sur les murs des musées romains, beaucoup plus déroutants parce qu'ils étaient hérités de collections des princes et des cardinaux parfois conservées dans leur intégralité. En parcourant les salles des palais Doria, Corsini ou Colonna, de la galerie Borghèse ou du palais Barberini, nous retrouvions de nombreux portraits florentins. La Rome des XVIe et XVIIe siècles, plus pompeuse que la capitale de la Toscane, a servi de terre d'accueil aux artistes qui voulaient profiter de la présence de leurs cardinaux et de leurs papes, les Médicis au premier chef, pour exercer leur métier sous des cieux plus cléments. C'est ainsi que, de manière amusante, traquer les portraits nous a permis de nous familiariser avec l'art baroque du XVIIe siècle. Les églises où nous allions chercher les œuvres de nos portraitistes, *Guida Rossa* à la main, étaient remplies de retables, de fresques et de sculptures datant de l'ère baroque, un pêle-mêle typique que l'on retrouvait dans les musées.

Le palais Doria, avec ses pièces aux murs couverts de tableaux disposés cadres contre cadres, dissimulant les moindres parcelles de la paroi, sans aucune ligne de présentation, et sans cartel, était un excellent lieu d'exercice. En bon aspirant œil, je me passais des feuilles de salle et je cherchais à identifier les œuvres dans le fouillis. Pas encore avec le succès escompté ; on commence par reconnaître les Caravage, vus en cours et dans les livres, dont les images sont ancrées dans la mémoire. Puis, pour les autres, on circonscrit l'école, le lieu, le siècle, pour se rapprocher de l'artiste d'aussi près que possible, un véritable jeu.

Bien souvent, quand un grand ecclésiastique accédait à la pourpre, il donnait du lustre à sa famille en mettant à disposition des artistes toutes ses ressources de mécène, et en constituant des collections aussi variées que prestigieuses. Seule l'Italie permet encore d'accéder à ce temps de l'institution artistique. Ailleurs, en Europe et aux États-Unis, les musées présentent les tableaux avec l'ambition encyclopédique qui les caractérise. Non pas que les collections de cardinaux n'aient pas existé en France, mais les fonds de Richelieu ou de Mazarin, situés anciennement dans les locaux de l'actuelle Bibliothèque nationale et du Palais-Royal, ont rejoint les collections du roi pour constituer, à la Révolution, le Muséum, notre actuel musée du Louvre. Au musée d'Ajaccio, dont je suis aujourd'hui le conservateur, se trouve la dernière collection de ce type, rassemblée par le cardinal Fesch, oncle de Napoléon. Mais, sur les seize mille tableaux dont il avait fait l'acquisition, seul un millier sont aujourd'hui visibles dans sa ville natale, sur les murs du musée érigé selon ses dernières volontés. J'ai tenté de recréer dans l'une de ses galeries l'ambiance que ressentaient les visiteurs de ces collections cardinalices. L'historien d'art plus universitaire, davantage aux prises avec les livres, se soucie moins de cette mixité, qu'il connaît peu. En conséquence, il reste souvent cantonné à son champ de spécialité, quand l'œil ne cesse pas d'en sortir. L'œil, en se déplaçant sur les lieux de l'art, enrichit quotidiennement sa connaissance.

Je dois dire ici que, où que nous nous déplacions, fût-ce à Rome, à Milan, à Bologne ou à Venise, nous jouissions de privilèges exceptionnels grâce à notre professeur. Comme elle était sans doute l'historienne d'art française la plus respectée d'Italie, ses lettres de recommandation nous ouvraient toutes les portes et les conservateurs nous permettaient d'entrer directement en rapport avec les œuvres. Quand Sylvie Béguin venait parler à un colloque en Italie nous allions la rejoindre, et elle en profitait pour nous présenter à ses collègues. Elle était très aimée, très sympathique, toujours enjouée. Ce magnétisme nous a fait vite connaître de très grands personnages de l'histoire de l'art, des personnages que personne ne voyait jamais en bibliothèque. Ils avaient depuis longtemps les moyens d'avoir la leur, possédaient des photothèques exceptionnelles et, pour nombre d'entre eux, se devaient de publier le résultat de leurs recherches passées plutôt que d'en engager de nouvelles. Je peux dire sans vanité qu'à leur instar, il m'arrive aussi d'y recourir de moins en moins souvent. On accumule tellement de documentation durant les années de formation qu'on continue à s'en servir bien au-delà. Il n'est pas rare, aujourd'hui encore, que je reprenne le résultat de recherches non publiées par le passé. Elles font, à la lecture, l'effet de nouveautés ! C'est à ce genre de détails que l'on mesure l'étendue du chemin parcouru...

En 1985, quatre ans après mon arrivée à Florence, nous rendions notre thèse. Dès 1983, j'effectuais mes premiers voyages professionnels hors d'Italie, en Europe et outre-Atlantique, pour les besoins de la thèse, mais aussi à cause de ma curiosité, qui me poussait à aller voir autant de tableaux que je pouvais et satisfaire ce besoin de contrôler les œuvres *de visu*, afin de mieux répondre de ce que j'avançais. Les portraits florentins se sont retrouvés disséminés dans toute l'Europe au gré des conquêtes et de l'engouement de tout le continent pour Raphaël, dont nos peintres avaient été les suiveurs. On a ainsi beaucoup confondu, et nombre d'attributions effectuées au moment du développement des musées, au XIXe siècle, ont été légères, voire parfois flatteuses. Ce sujet, apparemment marginal, me forçait donc à mener un travail de reconstruction important, pour chaque attribution, autour des œuvres même les plus connues. Sans l'anxiété que j'éprouve encore, et qui est un besoin de voir chaque tableau comme s'il n'avait jamais été vu auparavant, il m'aurait été impossible de le mener à bien.

Ce fut tout d'abord derrière mon professeur, qui m'emmenait lors de chacun de ses déplacements, que je découvris ce qui alors pour moi était mythique : le milieu de l'art anglo-saxon. Je fus introduit peu à peu auprès des professeurs d'université, des conservateurs de musée et dans la société des marchands d'art. Ces acteurs essentiels du monde artistique, les marchands de tableaux, avec lesquels nous, historiens d'art, entretenons des relations très complexes, à raison, au vu de certaines dérives. Ils forment pourtant avec nous un tandem essentiel. New York était, avec Londres, la capitale mondiale du marché de l'art au début des années 80. Ces grands marchands étaient pour la plupart installés dans des *brownstones* de l'*Upper East Side*, ces maisons de grès rouge qu'on retrouve aussi à Brooklyn ou Harlem. J'étais particulièrement attaché à l'une d'entre elles, la maison de Piero Corsini, qui servait de carrefour à tout le monde du *connoisseurship* de passage ou établi sur la côte Est. Il faut dire que le directeur de sa galerie d'alors, Robert Simon, était l'auteur d'une thèse sur les portraits du duc Côme de Médicis peints par Bronzino, et qu'il fut pour nous pendant des années une source d'informations qui nous semblait inépuisable. Son employeur, marchand d'origine italienne, aventurier dans l'âme, courait les ventes aux enchères dans les endroits les plus improbables du continent et, quand il était de retour, souvent avec des tableaux inouïs, régalait ses amis d'excellents dîners, car il était aussi cuisinier et bon vivant. Il rapporta un jour un *Portrait d'homme* de Lorenzo Lotto, génial peintre vénitien du XVIe siècle, dont la maison de vente avait situé l'œuvre trois siècles plus tard ! Grâce à Piero, j'ai compris que l'on pouvait découvrir des tableaux. Les marchands d'art, qui disposent de tous les réseaux nécessaires pour l'accès aux collections, sont souvent très instinctifs et capables de tout miser sur des pièces dont ils ignorent la nature. Ce sont les plus grands découvreurs d'art. Comme ils ne savent pas toujours pour autant ce qu'ils ont entre les mains, ils ont besoin des historiens pour confirmer ou rectifier leurs intuitions. Mais, si nous leur sommes nécessaires, il faut rendre hommage au travail qu'ils accomplissent. Au fil de mes rencontres avec ces personnages, mon corpus a pris des proportions considérables.

Malgré ces activités de recherche et de sociabilité aussi intenses qu'importantes, je dédiais une journée complète chaque semaine à l'exercice de ma plus ancienne passion. Les musées américains, quoique fort différents des musées d'Europe, constituaient des ressources de travail extrêmement précieuses eux aussi. Le matin, je me précipitais vers les portraits florentins, toujours exposés dans le département des *Old Masters Paintings*, puis je parcourais le reste du département de peinture italienne avant de déambuler, c'était très important pour moi, dans les départements d'art égyptien, d'art du mobilier, dans les salles dédiées au XIXe siècle… L'ambition de représenter l'art mondial préside à l'organisation de tous les musées américains, et ils en proposent toujours des exemples de plus ou moins grande qualité. Enfin je retrouvais les tableaux qui avaient motivé mon déplacement. Il était indispensable de se rendre au musée avec du matériel pour écrire. Comme je suis parfois oublieux, je me servais certains jours de plans de métro ou de tickets d'entrée et, quand il le fallait, je n'hésitais pas à emprunter un crayon au gardien. Il m'arrivait de faire de vraies découvertes. Je suis tombé plusieurs fois sur des portraits florentins dans des salles de peinture vénitienne. Je devais alors prendre quelques notes et imprimer aussi précisément que possible l'image du tableau dans ma mémoire, la photographie n'étant pas toujours facile à obtenir immédiatement. La plupart du temps, j'avais planifié ma visite et pris rendez-vous avec le musée ; je devais être sûr que les tableaux que j'aurais besoin d'examiner seraient visibles. Mais quand je me trouvais quelque part par hasard, je devais me battre pour les obtenir. C'était dramatique les week-ends, car le seul recours pour moi était alors d'écrire au conservateur absent pour lui demander d'envoyer le document, et il me parvenait le plus souvent en Europe, à mon retour. Heureusement, les conservateurs étaient d'ordinaire très accessibles à ces demandes. Comme ils espèrent pour leur musée une attribution spectaculaire, ou au moins davantage proche de la réalité, leur intelligence leur souffle le principe de faciliter autant que possible le travail des jeunes chercheurs.

J'ai pu découvrir qu'aux États-Unis, la question de la conservation se posait sous un tout autre jour qu'en France ou en Italie. En 1982, lorsque j'ai voulu voir deux portraits florentins possédés par l'université de Yale, un Ridolfo del Ghirlandaio et un Giuliano Bugiardini (deux peintres connus des seuls spécialistes), je me suis rendu compte que la quasi-intégralité de leur collection de tableaux était maintenue en réserve car elle avait été partiellement détruite par une équipe de restaurateurs durant l'entre-deux-guerres. Les collectionneurs anglo-saxons, qui voulaient des œuvres clinquantes, n'hésitaient pas à s'adresser à des restaurateurs qui ont porté atteinte aux tableaux afin de leur donner un air neuf, tandis que nos écoles de restauration italiennes et françaises sont plus respectueuses du passage du temps. C'est ainsi qu'on a détruit des œuvres d'art pendant des décennies. Au moment où je me formais, dans les années 80, les jeunes conservateurs américains commençaient à se plaindre de l'état de leurs propres collections. Observer ces phénomènes m'a sensibilisé à la question de la matière sous un angle nouveau, en faisant ressortir l'importance du respect de l'œuvre dans la restauration.

Un œil a besoin de découvrir des tableaux que les autres ne connaissent pas, c'est ce qui le rend légitime. La boulimie avec laquelle je voyageais en parcourant les musées était un signe de ma vocation. J'ai fait mes petites découvertes, comme tous les jeunes œils. Elles n'ont pas de retentissement auprès du grand public mais sont importantes pour nous-mêmes, et nous permettent de nous faire connaître pour ce que nous sommes. Un jour, à Florence, en 1982 me semble-t-il, mon professeur m'a donné la photographie d'un portrait en me disant que j'étais le seul à pouvoir l'attribuer, car elle voulait se débarrasser du problème qu'il représentait pour elle. C'était une œuvre *a priori* médiocre, retrouvée par un collectionneur privé, qu'elle pensait devoir rapprocher du cercle florentin proche de Bronzino, sans en savoir plus. Au bout d'une semaine, j'avais trouvé qu'il était de Bertucci le Jeune, un peintre mineur actif à Ravenne au XVIe siècle. « Je ne sais pas qui est ce Bertucci mais je vous crois sur parole… »

Aux Offices, Anne et moi avions aussi remarqué qu'un portrait d'homme, de trois quarts, le visage ombré, tenant un rouleau dans la main gauche, présentait des ressemblances frappantes avec un tableau signé du Metropolitan Museum of Art de New York, au nom de Tommaso di Stefano. L'attribution du portrait à ce peintre peu connu du grand public avait deux avantages. Elle offrait un moyen de lever l'incertitude des conservateurs des Offices quant à cette œuvre, en même temps, elle permettait d'ajouter un tableau au corpus très maigre de Tommaso di Stefano, cité deux ou trois fois seulement dans les *Vies* de Vasari. Sylvie Béguin, comme Keith Christiansen, le conservateur du Metropolitan Museum, ont été tout à fait convaincus par le rapprochement et nous ont suggéré la publication d'un article à ce sujet dans une revue d'histoire de l'art italienne importante, *Prospettiva*, fondée par un ancien élève de Roberto Longhi, Giovanni Previtali. C'étaient simplement deux pages A4 et trois tableaux : les deux portraits, plus une *Adoration des bergers* documentée. Un article de jeunesse. Mais ce tableau des Offices présentait dans le traitement un aspect flou qui pouvait servir d'argument pour contester la proposition d'attribution. Après restauration, la direction des Offices a décidé de le donner à Rosso Fiorentino, l'un des plus géniaux des artistes florentins de la même époque.

Certains critiques, qui n'étaient pas d'accord, se sont servis de notre article pour contester l'attribution. Si bien que cette petite publication a fait date. Elle a nourri un intérêt inédit de plusieurs historiens d'art pour Tommaso di Stefano. Même si le directeur des Offices, Antonio Natali, à l'origine de l'attribution à Rosso Fiorentino, a quelques difficultés à défendre son idée première, je dois dire qu'aujourd'hui encore, je ne suis pas sûr de maîtriser cet artiste. Dans la collection Patrizi de Rome on trouve un autre portrait signé Tommaso di Stefano qui montre une main différente de celle qui signa le portrait du Metropolitan Museum. C'est une affaire à suivre.

Le deuxième de nos articles a eu un objet beaucoup plus prétentieux. Luisa Becherucci, qui avait aiguillé les débuts de notre thèse, nous avait parlé lors de notre premier entretien de l'*Orfèvre* du Pitti, un tableau célèbre pour son personnage énigmatique, couramment attribué à Ridolfo del Ghirlandaio, ce peintre peu connu hors des cercles de spécialistes, en nous disant que si elle était sûre d'une chose, c'était qu'il nous faudrait lui trouver une autre attribution, puisqu'il ne pouvait pas à son sens avoir été exécuté de la main du fils de Domenico Ghirlandaio. À l'occasion d'un recueil d'articles publié en son honneur, une *Festschrift* comme disent les Allemands, nous avons suggéré qu'il faudrait peut-être le rattacher au peintre florentin Piero di Cosimo, un artiste génial et excentrique, à cheval entre le XVe et le XVIe siècle, profondément marqué par la révolution esthétique de Léonard de Vinci. Cette intervention a tout suscité sauf de l'indifférence, et notre article divise encore.

Dans ce panthéon de figures tutélaires, qui m'ont aidé à devenir ce que je suis, Mina Gregori tient une place particulière. La « Signorina », comme l'appellent avec affection ses étudiants, était, et est encore, l'une de nos plus grandes historiennes d'art, une ancienne élève de Roberto Longhi, titulaire de la chaire d'histoire de l'art à l'université de Florence. Elle proposait un enseignement que nous pouvions trouver à l'École du Louvre, mais de façon beaucoup plus approfondie. Il s'agissait de cours d'attribution qui m'avaient été vivement recommandés. Mina Gregori enseignait à ses étudiants la méthode de son maître, au cours d'heures d'exposés fascinants. Elle est douée d'un œil exceptionnel, d'une rapidité et d'une clairvoyance que n'ont en commun que les plus grands, son maître Longhi, leur compatriote Federico Zeri, et avant eux Bernard Berenson, tous capables de passer avec la même acuité du XIIIe au XIXe siècle. Ces personnages publiaient toutes époques confondues alors que, si chacun des œils de notre génération est généralement capable d'avoir des intuitions qui sortent de sa spécialité, on ne nous demande notre avis et nous ne communiquons que sur notre siècle de prédilection.

L'année où Anne et moi achevions notre travail de thèse, entre 1984 et 1985, j'ai obtenu une bourse de recherche à la fondation Roberto Longhi. Mes liens avec Mina Gregori s'étaient resserrés à cette époque, et elle m'avait suggéré de présenter ma candidature auprès de la fondation dont elle était aussi présidente. Son feu maître possédait une villa sur la rive gauche de l'Arno, à flanc de colline, non loin de Florence, à peu près en face de la villa I Tatti de Berenson. Les relations de l'historien d'art italien avec le connaisseur américain n'étaient pas des meilleures… Les travaux de recherche proposés devaient s'inscrire dans l'esprit de l'historiographie longhienne, qui reconnaissait à l'attribution et à la réattribution une importance fondamentale, alors même que les Anglo-Saxons commençaient à se détacher de ce qu'ils avaient créé – nous y reviendrons. Ce fut une année pauvre pour la fondation, puisque sur les douze bourses attribuées chaque année, nous n'avons été que sept, cette fois, à en bénéficier. Nous étudiions dans la villa, dont nous aurions pu disposer librement si Anna Banti, l'épouse du défunt Roberto Longhi, un grand écrivain mais surtout un véritable dragon, ne nous avait pas terrorisés. Je comptais sur cette année pour compléter une lacune importante du travail sur les portraits que nous avions entrepris avec Anne. Nous avions choisi comme terme à notre étude l'année 1530, moment du renversement de la République florentine et de l'instauration de la monarchie, ce qui mettait en évidence le passage, dans la représentation du début du XVIe siècle, d'un monde ouvert, parcouru par des personnages aux allures de marchands, sur fond de paysage, à la figuration d'un monde clos, peuplé d'êtres aristocratiques et confinés dans de somptueux intérieurs. Nous laissions ainsi Bronzino en marge de nos recherches avec cette périodisation, alors même que le peintre est unanimement considéré comme le plus grand portraitiste florentin du siècle. Lorsque les historiens d'art austro-allemands, au XIXe siècle, ont condamné la peinture florentine du XVIe, les portraits de Bronzino sont la seule chose qu'ils aient continué d'encenser. J'ai décidé une fois encore de faire l'impasse, car j'étais intimidé par la stature du personnage, tout en me rapprochant du monstre qu'il me faudrait tuer. Une amie, professeur à l'université de Florence, qui travaillait alors sur l'œuvre de jeunesse de son premier disciple, Alessandro Allori, était dépassée par la question des portraits. Ce champ, devenu aujourd'hui plus abordable, peut-être grâce à moi, était à l'époque extrêmement embrouillé. Une grande partie des tableaux attribués à Bronzino au XIXe et au XXe siècle, des portraits de cour, des hommes avec de grandes fraises, et tous les vêtements fastueux de l'ère des Médicis, des femmes aux cous sertis de colliers de perles, étaient en réalité sortis de l'atelier de son élève. Nous nous sommes penchés ensemble sur la première période de création du disciple, que nous ne connaissions que par les sources. À la fin de l'année, j'avais pu recomposer le corpus de ses portraits de jeunesse, tous malencontreusement attribués à son maître.

La villa Longhi m'a donné à un degré tout à fait inédit le sens du travail en équipe. C'était la première fois que je cohabitais avec un groupe d'historiens d'art qui partageaient la même passion pour l'attribution. Notre préposée nous réunissait dans la photothèque attenante à la maison et nous nous amusions avec le matériel, conformément à la volonté de Mina Gregori qui était d'exercer notre œil à attribuer. Nous prenions les clichés de Longhi et nous testions nos compétences, tout en affinant notre regard grâce aux connaissances de chacun.

C'était une version élaborée de ce jeu de mémoire où il faut retrouver, dans un ensemble de cartes mélangées, certaines images susceptibles de faire la paire. Le déroulement de nos jeux n'était pas le même, aucune photographie n'était retournée, mais il s'agissait bien d'établir un lien entre les membres d'un groupe, en cherchant à déterminer la spécificité qui le constituait. Bien entendu, ce qui permettait de l'établir était beaucoup plus imperceptible qu'une ressemblance évidente. Malgré leur caractère ludique, ces séances étaient obligatoires. L'ambiance bon enfant faisait alors partie intégrante du fonctionnement de la fondation et montre combien les liens d'amitié comptent beaucoup lorsque l'on a besoin de débattre sur nos propositions d'attribution. Une fois nos exercices accomplis, les fins de journée s'achevaient immanquablement au restaurant, où nous refaisions le monde autour de bouteilles de vin, pas forcément des meilleures compte tenu de nos moyens, et d'une nourriture simple, pas particulièrement légère et typiquement toscane, nous projetant dans l'avenir, nous voyant déjà, avec beaucoup de prétention, comme de futurs grands historiens d'art.

À la différence d'I Tatti, plutôt pensée pour des chercheurs livresques, la fondation Longhi était une formation sur mesure pour les œils. Cela explique peut-être l'intensité des rapports que nous avons entretenus les uns avec les autres... J'ai le souvenir de nombreuses sorties collectives, en compagnie de Mina. C'était toujours l'occasion de fêtes et de rigolades, car notre amour commun pour les tableaux était doublé d'une grande joie de vivre. Cette part de notre activité, malgré ses airs superficiels, était peut-être au fond un apport aussi précieux et aussi durable à la suite de notre carrière que les échanges proprement scientifiques. Une telle collaboration tisse des liens étroits, qui persistent longtemps. Nous travaillons tous encore ensemble, nous faisons faire les catalogues de nos expositions à nos amis, eux nous demandent de servir de commissaires pour les leurs, nous nous invitons mutuellement aux conférences. Bien sûr, cela n'exclut pas un grand sérieux scientifique. Mina Gregori préparait une exposition sans précédent sur le XVIIe siècle florentin, qui avait toujours été déconsidéré par rapport à ses homologues bolonais, romain ou français. Elle nous racontait tout au fur et à mesure de ses préparatifs et nous expliquait beaucoup de choses précieuses. Elle nous considérait quelque part comme ses enfants... Elle nous emmena tous à Naples, au musée de Capodimonte, où se tenait une grande rétrospective consacrée au Caravage qu'elle avait organisée avec Keith Christiansen du Metropolitan Museum de New York : elle y démontra beaucoup de points cruciaux à la bonne compréhension de l'œuvre. Sept ou huit heures durant, elle nous a dévoilé la technique du peintre à l'aide d'une grosse lampe torche rouge, très élégante, dont elle se servait pour souligner les coups de pinceau. Nous avons vécu chacun d'eux. Je crois qu'aucun d'entre nous n'a plus jeté le même regard sur une œuvre du Caravage depuis ce jour-là, car Mina savait incomparablement faire sentir comment on y entre.

Les bourses finissent fin juin, mais nous avions tant de mal à nous séparer que nous n'avions pas quitté la villa au début de juillet. C'était particulièrement triste pour moi, peut-être à cause de mon tempérament, qui me faisait jouer un rôle important dans chacun des groupes auxquels je me liais. J'avais émis l'hypothèse de clore l'année après un dîner organisé pour le 14 Juillet, que nous voulions donner dans les jardins de la maison. Nous avions l'appui de Mina Gregori, mais elle était terrorisée à l'idée de faire une telle requête auprès d'Anna Banti. C'était franchement une démone mais une démone qui, dans ses heures de douceur, venait parfois me voir pour parler de la France, un pays pour lequel elle avait une grande affection. Je pus obtenir sa bénédiction, 14 Juillet oblige. Nous avons organisé le premier dîner qui se soit tenu dans la villa depuis la mort de Roberto Longhi… Ce fut soirée absolument formidable où le cuisinier, Ottavio, dont nous étions tous devenus de grands amis, nous a régalés. Était-ce de la prétention ? En emportant nos affaires le lendemain, je pense que nous étions tous persuadés d'être devenus des œils. Bien entendu, c'est une formation qui ne finit jamais…

3.

Histoire des œils

L'histoire de l'art elle-même, comme discipline, n'a pas toujours existé. C'est une curieuse discipline. Elle a un aspect érudit et scientifique, au même titre que l'histoire, mais elle est intimement liée au plaisir, plaisir de l'œil, plaisir des sens. Et l'histoire de l'art sous cette forme est une invention relativement moderne. Elle ne commence à se développer à proprement parler qu'à la fin du XVIIIe siècle. On pourrait considérer qu'elle prend ses racines deux siècles avant, dans l'ouvrage de Giorgio Vasari intitulé *Les Vies des plus excellents peintres, sculpteurs et architectes (Le Vite de' più eccellenti pittori, scultori, e architettori)*, paru en 1568 sous sa forme complète, à Florence. Les *Vies* des artistes, comme on les nomme couramment, sont l'un des plus grands best-sellers du XVIe siècle. Elles s'inspirent de l'historiographie romaine, des *Vies parallèles* de Plutarque et des traités de Pline l'Ancien, pour raconter les destins exemplaires des grands peintres italiens, du temps de Giotto à celui de Giorgio Vasari, artiste lui-même. Sa carrière a commencé en 1530, alors que Charles Quint, l'empereur du Saint-Empire romain germanique, venait de mettre à bas la République florentine pour instaurer une monarchie héréditaire. Florence devenait un duché, placé sous la direction de la famille Médicis. Après un début de règne catastrophique pour son clan (le premier Médicis, Alexandre, fut assassiné par son cousin républicain Lorenzaccio), un jeune homme de dix-huit ans, Côme, accéda au trône. C'est de ce jeune duc que Giorgio Vasari devint le peintre attitré, dirigeant, notamment, la rénovation et la transformation de la résidence de la famille, le Palazzo Vecchio. Côme fut à l'origine de l'un des règnes les plus florissants de l'histoire de la ville. Cherchant à exploiter toutes les ressources de la *Fiorentinità*, l'identité culturelle florentine, pour s'attirer le soutien de ses sujets, il encouragea la constitution d'une académie littéraire associant érudits et artistes. Il chargea ainsi une institution, l'Académie florentine, de répandre la gloire que s'étaient acquise les Florentins dans les deux formes d'art qu'ils maîtrisaient le mieux, l'art de la parole et les arts plastiques. Vasari s'attela à son immense travail historiographique dans le cadre de cette politique de prestige. Avec le concours de plusieurs membres de la nouvelle académie, il rassembla toutes les informations disponibles sur les grands peintres d'Italie, et constitua le recueil des *Vies*. Il est important de parler d'auteurs des *Vies* au pluriel, car, malgré le rôle prépondérant de Vasari, celui joué par les membres de l'Académie florentine explique certaines caractéristiques de l'ouvrage. L'ambition, en effet, était double. Il s'agissait de faire du toscan, la langue de Pétrarque, de Boccace et de Dante, l'idiome incontournable de la Péninsule, tout en valorisant la création florentine contre celle de toutes les cités rivales d'Italie, en dépit de leurs réalisations parfois magistrales. Les auteurs des *Vies* se permirent à cette fin d'entretenir certaines confusions. De plus, Vasari, de son côté, cherchait à élever le dessin au-dessus de toutes les autres formes de création plastique. Outre qu'il constituait un trait caractéristique de l'art florentin, c'était à ses yeux ce qui rapprochait le plus l'artiste du penseur, et l'éloignait de l'artisan. Dans le dessin, l'artiste exprime directement sa pensée par le trait. Aussi Vasari se permit-il de suggérer des Vénitiens qu'ils étaient mauvais dessinateurs, quoique grands peintres, ce qui est absolument faux. Les *Vies* recèlent par ailleurs plusieurs erreurs d'attribution, sans doute volontaires, qui ont donné beaucoup de fil à retordre aux historiens d'art.

Avec le siècle des Lumières, un intérêt croissant de tous les honnêtes hommes pour cette discipline se développa. Elle sortit ainsi de la sphère directe du pouvoir. Les aristocrates anglais faisaient de leur Grand Tour en Italie le passage obligé de toute bonne éducation. Cette pratique, qui consistait à visiter l'Italie après avoir achevé la lecture de Vasari, à méditer sur les ruines de l'époque classique et les œuvres produites par les maîtres de la Renaissance, diffusa l'idée de l'art à travers toute l'Europe, dans les couches éduquées. Devant cet afflux permanent de voyageurs, à cause du temps écoulé, les travaux de Vasari, développés par des érudits locaux, demandèrent à être repris, rectifiés, mais aussi prolongés jusqu'au XVIIIe siècle, afin de toucher un plus large public. C'est ce que fit Luigi Lanzi. Cet homme, un jésuite devenu vice-directeur et antiquaire de la Galerie des Offices de Florence, commença par consacrer en 1782 un guide à la collection dont il avait la charge. Puis, en 1786, il écrivit une *Histoire de la peinture italienne de la Renaissance des Beaux-Arts à la fin du XVIIIe siècle (Storia pittorica dell'Italia dal risorgimento delle belle arti fin presso al fine del XVIII secolo)*, qui devint immédiatement le *vade-mecum* indispensable de tout bon voyageur. Avec les *Vies* de Vasari, son livre représentait l'une des deux principales sources de savoir dont disposaient les admirateurs modernes des œuvres d'art. Le choc provoqué par la Révolution française en Europe allait amener le déclic qui manquait à la naissance d'une nouvelle forme d'histoire de l'art, plus en adéquation avec le regard de ce nouveau public.

La Révolution fit de l'intérêt pour les œuvres un intérêt tout à fait général. Aux yeux des révolutionnaires, l'art, qui avait caractérisé la Grèce, la Rome antique, les républiques libres d'Italie, était indissociable de tout véritable régime de liberté… L'un des premiers gestes de la Convention, en 1793, fut donc d'inaugurer le nouveau musée des arts, notre musée du Louvre, avec l'idée qu'une République se devait d'apporter l'art à tout le monde. Tout au long du XVIIIe siècle déjà, des moralistes, comme Hume, Lessing ou Shaftesbury, avaient supposé qu'il existait un lien entre le beau et le bien, la moralité et le sens esthétique, le goût et la vertu. Cette idée de perfectionnement intellectuel et moral de l'homme par l'art guida les politiques culturelles du nouvel État. La Convention regroupa les collections royales, ainsi que les œuvres prises aux aristocrates et aux congrégations religieuses, dans le vieux palais du Louvre. Elle donna le ton et prépara aussi de nombreuses autres spoliations d'œuvres d'art, dont furent victimes les pays conquis sous l'Empire, car ce ne fut que le fait de la reprise de ce principe, poussé jusqu'à son paroxysme et distorsionné : un État qui voulait représenter le plus haut degré du progrès humain se devait de recueillir le patrimoine de l'Humanité. De la sorte se trouvèrent réunis, l'espace de quelques années, dans les salles du musée Napoléon, les plus importantes créations issues de l'art occidental entre l'Antiquité et la Révolution. Paris, capitale d'un empire en pleine expansion, dévorée d'ambitions hégémoniques, concentra autour des Tuileries un trésor discutable, mais se dota aussi du plus fabuleux outil qui fut jamais constitué pour la formation d'un œil. Ces œuvres, pour une grande part d'entre elles, furent restituées en 1815 après le Congrès de Vienne… Combien de déplacements nous serions-nous épargnés, et quels merveilleux coups d'œil nous auraient-elles permis sur l'histoire de l'art mondiale, si elles avaient pu être conservées ! Les jeunes exaltés romantiques, eux, eurent la chance de les voir réunies.

Ce n'est qu'avec ces événements politiques que l'histoire de l'art, en France, se développa sous sa forme moderne. Voltaire, Rousseau en parlaient peu. Diderot parlait d'art, mais commentait essentiellement la création contemporaine des artistes exposés dans les « Salons ». Il s'adressait à un public mondain, plus soucieux de divertissement que de connaissance. Ce n'est qu'en Stendhal que s'allièrent le plaisir et la culture érudite, ces deux éléments si distinctifs de l'histoire de l'art moderne. Cela en fait le premier véritable historien d'art que la France ait connu. Il a lu Giorgio Vasari, Luigi Lanzi, puis il se promène et, après avoir appris, il apprécie, il dispense un savoir qui aide l'appréciation. Son *Histoire de la peinture en Italie* (1817), *Rome, Naples et Florence* (1817), les *Promenades dans Rome* (1829) sont constitutives de cette nouvelle manière de se rapporter aux œuvres. « J'étais arrivé à ce point d'émotion où se rencontrent les sensations célestes données par les Beaux-Arts et les sentiments passionnés », écrit-il dans *Rome, Naples et Florence*. « En sortant de *Santa Croce*, j'avais un battement de cœur, la vie était épuisée chez moi, je marchais avec la crainte de tomber. » Non seulement le sujet explique ce qu'il voit, mais il dit aussi ce qu'il ressent, et il transmet la faculté de ressentir. En 1989, une psychiatre italienne, Graziella Magherini, a proposé d'appeler « syndrome de Stendhal » un cas psychosomatique qu'elle avait l'occasion d'observer chez les touristes américains en visite dans les musées de Florence. Ces formes de l'émotion étaient semble-t-il plus contenues avant la Révolution ! C'est comme s'il avait fallu attendre cette époque pour qu'on se mette à voir complètement les œuvres d'art. C'est comme s'il avait fallu que le monde de l'art devienne une sorte de paradis perdu pour qu'il fascine autant. On raconte que Joséphine de Beauharnais, la première épouse de Napoléon, se pâmait des heures durant, sous le Directoire, dans le musée des Monuments français conçu par Alexandre Lenoir, où se trouvaient rassemblés les vestiges des monuments gothiques et renaissants sauvés des destructions de la Révolution. Il n'est pas sûr que l'art suscitait ainsi l'émotion avant le XIXe siècle, il est certain qu'il ne la sollicita plus jamais aussi fortement.

Le goût de Joséphine se portait vers un art mettant en scène le passé mystérieux de la France. Il se nourrissait du désir de le retrouver. Dans le jardin du musée, au milieu de soupirs d'aise et de larmes, la sensibilité néogothique était en train de se divulguer. L'Angleterre, elle aussi, connut un brutal regain d'intérêt pour son passé national dès le XVIIIe siècle, à Oxford, avec le *Gothic Revival*, mais c'est vers la moitié du XIXe que ce mouvement devint un phénomène de mode commun à toute l'Europe. Alors, John Ruskin, le gentleman anglais qui initia Proust à l'art italien, se lança dans une série de publications emblématiques. *Bible of Amiens* (1885), traduit par Proust, *Pre-Raphaelitism* (1851) ou encore *Stones of Venice* (1853) sont parmi ses plus beaux livres. Comme Stendhal, Ruskin est un grand voyageur. En témoignent ses récits de voyage, où il raconte les spectacles auxquels il a assisté en sachant transmettre sa sensibilité, en l'éclairant d'une connaissance extrêmement fine. Au XIXe siècle, le développement du chemin de fer permit à un plus grand nombre de femmes de voyager. Les intellectuelles anglo-saxonnes, d'Edith Wharton à Virginia Woolf, en passant par Violet Trefusis, commencèrent leur Grand Tour à la National Gallery et l'achevèrent en Toscane, livres de John Ruskin à la main. Elles s'y installèrent, parfois définitivement, dans des villas absolument splendides. De cette époque est né notre goût pour la peinture des primitifs italiens, les peintres qui ont précédé Raphaël, des artistes difficilement reconnaissables. Parce qu'on voulait pouvoir leur donner un nom, le primitivisme fit les beaux jours d'une science qui prenait corps au même moment que la nouvelle sensibilité romantique : la science de l'attribution.

L'histoire des œils a ceci de commun avec Stendhal et son histoire de l'art qu'elle commence elle aussi à la suite de la campagne d'Italie, et qu'elle est liée à un profond regain d'intérêt de deux patriotes italiens pour le patrimoine national. Giovanni Morelli (1816-1891) et Giovanni Battista Cavalcaselle (1819-1897) sont les deux premiers œils de l'histoire de l'art. Ils entreprirent d'exhumer le passé national au profit de leurs compatriotes. Ils vinrent au monde dans une Italie encore ébranlée par le passage des colonnes de l'armée française, porteuses d'un immense espoir, annonciatrices d'une libération qu'ils s'ingénièrent à poursuivre par leur activité intellectuelle et politique. En deux batailles, Arcole et Marengo, pour ainsi dire au seul bruit des pas de l'armée française, Venise la Sérénissime, la papauté, tous les pouvoirs vétustes qui maintenaient les peuples dans un état d'abrutissement profond s'étaient effondrés. Jusque-là, les gens du peuple passaient devant Giovanni Bellini ou Piero della Francesca sans même lever la tête. Eux, portés par les idées de la Révolution, se penchèrent sur les objets qui les entouraient en se disant qu'ils pourraient servir à l'éducation esthétique et morale de leurs concitoyens, susciter une fierté capable, peut-être, de les aider à rejeter le joug autrichien qui bridait leur indépendance. N'ayant étudié que Vasari et Lanzi, ils se mirent à parcourir l'Italie au rythme des événements politiques qui secouaient le pays, avec de simples carnets, passant leur temps à dessiner, se constituant une réserve de croquis dans la ferme intention de fournir une description systématique des œuvres d'art du passé national italien. Morelli et Cavalcaselle sont les premiers historiens à avoir tenté de faire une histoire de l'art profonde, considérée de l'intérieur, non plus du point de vue de celui qui éprouve, mais de celui qui fait. Giovanni Morelli reste un personnage singulier, qui se présentait comme un barbare tartare des steppes. C'était un personnage romantique qui lisait en fumant le narguilé et aimait particulièrement la cuisine bavaroise et la bière Pschorr. Il eut l'idée géniale de recourir à un lieu commun de la réflexion théorique sur l'art, la comparaison, le *paragone* – par exemple entre un art et un autre, ou entre un artiste et un autre –, pour l'appliquer aux détails des peintures eux-mêmes et mettre ainsi au point une méthode d'attribution. Morelli repérait et classait les différentes manières de faire les mains, les oreilles, les chevelures, et s'appuyait là-dessus pour déterminer des styles individuels. Cette technique, absolument novatrice, est aujourd'hui parfois raillée avec une certaine goguenardise, sous le nom de « morellisme ». Se baser sur le mouvement du corps humain, la forme des visages, les couleurs et la disposition des draperies pour reconnaître l'auteur d'une œuvre est, pense-t-on, une approche superficielle du génie créateur. L'historien d'art classique peut bien être réticent au regard quasi clinique de Morelli, lequel, ce n'est pas un hasard, n'avait pas fait des études de philosophie, de peinture ou d'histoire, mais avait suivi un cursus de médecine à la faculté de Munich. La découverte du *Christ* de Nice pourtant, que nous avons identifié à partir d'un doigt de pied, était un cas de morellisme pur.

Cavalcaselle reprit la méthode de Morelli pour se lancer dans une étude de l'histoire générale de l'art. Son projet était plus ambitieux, tout en étant peut-être moins génial que celui de Morelli. Alors que celui-ci fut l'homme d'un seul livre, publié en allemand sous le pseudonyme de Lermolieff, un dialogue sur les œuvres des grands maîtres italiens (*Die Werke italienischer Meister*) où il exposait sa méthode tout en fournissant une série d'attributions pour des œuvres situées à Rome, à la Galleria Borghese, et dans d'autres hauts lieux de l'art à Dresde et à Berlin, Giovanni Battista Cavalcaselle, lui, publia des ouvrages en plus grand nombre que son homologue, avec une ambition exhaustive. Mais il ne se hissa jamais au même niveau d'intellectualité que lui. Voici ce qu'écrit Morelli à son ami Henri Layard, qui venait de lui envoyer la *New History of Painting in Italy* de Cavalcaselle, écrite en collaboration avec son ami Joseph Archer Crowe et publiée à Londres en cinq volumes entre 1864 et 1871 : « Son œil est très exercé, même le meilleur que je connaisse, ses études sur la partie technique de l'art sont riches et profondes, mais, la vie intérieure de l'art, il ne l'a pas comprise, selon moi. » On voit que l'attention scientifique portée par Morelli aux spécificités stylistiques des tableaux n'excluait pas une forme de spiritualité. Ce que devait reprocher Morelli à Cavalcaselle, entre les lignes, c'était de manquer d'imagination intellectuelle, d'être trop positif. À dire vrai, le parallèle qu'un historien comme Carlo Ginzburg a pu établir entre Morelli et Sigmund Freud dans *Mythe, emblème, trace* se justifie par le fait que l'un comme l'autre, furent des scientifiques hors du commun, inventeurs de méthodes absolument avant-gardistes et souvent remises en cause en dépit de leur grand pouvoir de description.

Cavalcaselle, lui, était plus simplement historien. Son engagement politique, au cours des événements insurrectionnels qui déchirèrent l'Italie en 1848, le força à l'exil. Joseph Archer Crowe, le fils d'un célèbre historien anglais, lequel après s'être formé à la peinture quelques années en France, mit ses talents d'illustrateur et de contributeur au service des journaux libéraux anglais, partagea avec lui une chambre modeste à Silver Street à Londres. Leur rencontre, qui eut lieu l'année précédente dans une malle-poste en Allemagne entre Hann et Minder, donna lieu à l'une des collaborations les plus fructueuses de l'histoire de l'art. Cavalcaselle et Crowe se lancèrent dans une série de travaux révolutionnaires dont le premier, *Early Flemish Painters*, paru en 1857, accordait une large part à l'attribution ; il était presque entièrement rédigé à partir de notes qu'ils avaient prises, et n'évoquait jamais une œuvre qu'ils n'avaient pas vue directement. Ces publications servirent rapidement de références. Le grand guide de voyage du XIXe siècle, le *Baedeker*, produit génial de l'imagination d'un petit libraire de Leipzig, aussitôt traduit dans les langues principales du continent européen, piochait allégrement dans leurs histoires de la peinture hollandaise et italienne, ainsi que dans leurs biographies du Titien ou de Raphaël. Nombre d'historiens chargés de rédiger des catalogues de musée, toute proportion gardée, ne procédèrent pas autrement. Crowe en personne se chargea d'établir celui de la National Gallery de Londres, et c'est ainsi que fut administré l'héritage de Morelli. Grâce à l'application qu'ils surent faire de sa méthode, les musées devinrent bientôt des instruments de référence pour la formation de tous les œils, les œuvres attribuées par ce biais étant de source presque aussi fiable que celles que l'on pouvait trouver documentées, *in situ*, dans les églises et les résidences historiques. Les dernières décennies du XIXe siècle, portées par ces découvertes nouvelles, donnèrent lieu à une pratique frénétique de l'attribution. Partout, chacun remettait en doute les noms inscrits sur les cartels des tableaux. Les publications des catalogues de collections se succédaient de manière effrénée, et chaque pays s'enorgueillissait de ses « catalogueurs ». Cela permit aux œuvres de réflexion plus purement théorique de prendre leur essor, le renouvellement de la vision des artistes entraînant l'aspiration à des jugements critiques reformulés. Au milieu de tout ce bouillonnement esthétique et intellectuel apparut alors une figure unique, celle de Bernard Berenson.

4.

Notre sainte trinité : Berenson, Longhi, Zeri

Bernard Berenson est vraiment un cas à part. Pour la première fois peut-être, ce n'était pas un bourgeois, mais un enfant d'immigrés totalement étranger à la sphère des gens éduqués qui s'illustraient dans la discipline de l'histoire de l'art. Son père, Albergo Valvrojenski, un juif lituanien qui avait décidé de quitter son pays pour l'Amérique en 1875, s'était installé avec sa famille dans la ville de Boston, alors que le petit Bernard était âgé de dix ans. C'est à cette occasion que la famille avait pris le nom de Berenson et, très vite, le petit Bernard s'était mis à fréquenter la haute société de Nouvelle-Angleterre. Après des études à la Latin School, il entra à l'université Harvard et put suivre les cours dispensés dans le département d'histoire de l'art nouvellement créé. Berenson, sans doute extrêmement fier de son parcours, resta sa vie entière reconnaissant à l'université américaine de ce qu'elle lui avait offert. Il lui légua toute sa collection, toute sa fortune, et sa villa personnelle devint, après sa mort, un centre de recherches de l'université pour tous les travaux intellectuels liés à la Renaissance. Si je ne l'ai pas connu personnellement, puisqu'il décéda l'année de ma naissance, j'ai connu des gens qui l'ont connu. Eux-mêmes, qui n'avaient connu ni Cavalcaselle ni Morelli, fréquentèrent des gens qui les ont rencontrés, car je n'appartiens finalement qu'à la cinquième génération d'œils. J'eus l'occasion de bénéficier d'une bourse de recherche de l'université Harvard dans sa villa, I Tatti, pour un travail dont nous aurons l'occasion de reparler ; je lui dois donc beaucoup.

Bernard Berenson est le vrai père des œils modernes. Avec lui, la connaissance n'est plus seulement une affaire d'érudition. L'œil n'est plus le philologue de l'art, qu'il mette au point une méthode ou produise de grandes sommes de savoir, mais il est un connaisseur situé au carrefour de la science dispensée par les musées et les universités, et des sollicitations de plus en plus pressantes venues du marché de l'art. Par là, il n'est plus le savant désintéressé qu'incarnaient Morelli ou Cavalcaselle. Il s'enrichit beaucoup, mais il contribue aussi à la création de collections remarquables.

Berenson a laissé à l'ensemble du monde intellectuel une image d'esthète, toujours parfaitement élégant, portant des chapeaux mous, de paille l'été, de feutre l'hiver, et alternant costume clair et costume foncé au gré des saisons. Il semblait tout droit sorti de l'un des romans d'Henry James. Ce soin minutieux qu'il avait de sa personne suggère le souci de faire oublier des origines dont il avait très probablement honte. Pourtant sa petite barbe blanche, taillée en pointe, rappelait profondément celle de Sigmund Freud. Grâce à la sympathie d'Isabella Stewart Gardner, une excentrique américaine qui fascinait la société bostonienne, Bernard Berenson bénéficia du soutien financier nécessaire à un voyage en Europe, passage obligé de l'éducation de tout Américain de la bonne société à la fin du XIXe siècle. Comme les gentlemen britanniques, au XVIIIe siècle, devaient avoir fait leur Grand Tour en Italie, un Américain se devait de connaître le Vieux Continent. Grand admirateur de *Salammbô* de Flaubert et d'*À rebours* de Huysmans, c'est dans l'intention de devenir littérateur et critique que Berenson s'embarqua. Sa conversion au catholicisme, religion à laquelle il se rallia fort jeune, l'apparentait à la génération des décadents français, parsemée de convertis et de prodigues revenus à la foi de leurs ancêtres. La *French Library* de sa villa, tout entière dédiée à la littérature française du XIXe siècle, porte aujourd'hui la trace de cette vocation. Lorsqu'il reçut, de Jean-Paul Richter, son professeur d'histoire de l'art de l'université d'Oxford, le conseil de lire Morelli, il s'engagea sur une voie qui bouleversa le cours de sa destinée ; en 1889, il rencontra Cavalcaselle et, un an plus tard, il avait affaire à Morelli en personne. Il prit alors la résolution de s'installer à Florence une fois pour toutes et de se dédier à l'histoire de l'art, emmenant avec lui sa compagne, Mary Whitehall Smith, épouse d'un historien d'art auquel Berenson avait rendu visite en Angleterre, et chez qui il s'était manifestement trouvé très bien. Le mari, pour des raisons de bienséance, ne voulut pas divorcer durant de longues années, ce qui contraignit la compagne de Berenson à prendre le pseudonyme de Mary Logan, sous lequel elle signa ses propres livres, mais aussi se fit connaître comme la secrétaire méticuleuse et irremplaçable de son compagnon. Les années qui suivirent leur arrivée en Italie, ils servirent de guides aux touristes américains fortunés que leur envoyait Mme Gardner, ce qui donna à Bernard Berenson l'occasion de parcourir le pays en tous sens et d'examiner les œuvres sur leurs sites d'origine. Il conseilla à Mme Gardner, l'année de la publication de son premier ouvrage, en 1894, l'achat d'un petit Botticelli que l'on peut voir aujourd'hui dans le musée de Boston, où elle a exposé sa collection. Un édifice néogothique de goût particulier, mêlant des bribes de palais vénitien à des pignons de cathédrale moyenâgeux, et des salons Louis XIII à des salons orientalistes, constitue l'écrin composite de cet ensemble de soixante- dix œuvres qu'elle doit en grande partie aux conseils de Berenson. La réputation d'œil de Bernard ne cessa de croître au gré des publications et des acquisitions des années suivantes. En 1905, un an avant le début de l'une des associations les plus sulfureuses de l'histoire de l'art, avec le marchand britannique Joseph Duveen, il put acheter la maison qu'il louait depuis son arrivée, sur la colline de la rive gauche de l'Arno, à Settignano : la villa I Tatti.

À l'époque où Bernard Berenson s'était installé à Florence, les États-Unis étaient assidûment tournés vers l'Italie. Le Metropolitan Museum of Art de New York et le Museum of Fine Arts de Boston, qui venaient d'ouvrir, étaient en pleine phase d'acquisition, tandis que les deux grandes universités d'Amérique, Yale et Harvard, commençaient chacune à constituer leur propre musée. Les professeurs poussaient les institutions à acheter, alors même que les particuliers, pour leur part, éprouvaient le besoin de rassembler des collections pour signaler leur réussite sociale, collections dont ils offraient ensuite tout ou partie aux musées des beaux-arts de leur ville ainsi qu'à celui des universités où ils avaient obtenu leurs diplômes, représentant ainsi les réussites d'une génération directement issue de la population immigrée. Les parents étaient ainsi récompensés d'avoir donné à leur descendance l'éducation la plus prestigieuse qui soit, éducation à laquelle ils n'avaient jamais eu accès pour leur part. Ce nouveau public amena la grande tradition du marché de l'art, basée à Londres, à rechercher des experts susceptibles de confirmer la valeur et l'authenticité des tableaux. Dans un tel contexte, ces notions allaient de pair. Jusque-là, les principaux acheteurs étaient de fins connaisseurs, des Anglais qui ne cherchaient à rapatrier dans leurs châteaux que des œuvres de grande qualité. Les Américains, eux, avec naïveté et par manque d'éducation, se mirent à acheter moins des œuvres que des noms : l'attribution primait sur la valeur intrinsèque des objets dont ils se portaient acquéreurs. Aujourd'hui encore, je me demande ce que certains acheteurs voient de ce que j'authentifie. J'en suis venu à une conclusion assez simple : à mon avis, ils n'y voient pas grand-chose, en dehors de l'étalage de leur richesse et l'éclat de leur prestige social. La tentation devint ainsi toujours plus grande de rattacher des œuvres médiocres à de grands maîtres, voire de faire passer certains faux pour authentiques. La volonté de tromper naquit avec elle et les œils purent ainsi faire leur première apparition sur le marché de l'art. Jusque-là, les grandes maisons de vente anglaises, Christie's et Sotheby's, qui existaient depuis le XVIIIe siècle, comme à Paris les salles de l'Hôtel Drouot, ouvert en 1852, faisaient appel au seul savoir des commissaires-priseurs pour préparer leurs ventes. Dans les cas les plus exceptionnels, elles recouraient à des artistes, prolongeant la tradition des inventaires de collections de cardinaux et de princes, dont la constitution était souvent confiée à des peintres. Mais le nombre désormais gigantesque des transactions, couplé à l'irruption des faussaires sur le marché, rendit nécessaire l'apparition de conseillers d'un nouveau genre, pris dans une collusion du goût de l'art et des intérêts de l'argent sans précédent. C'était une opportunité pour des hommes du talent de Berenson. C'est ainsi que Lord Joseph Duveen le recruta. Ce marchand d'art anglais d'origine juive néerlandaise, qui avait parfaitement compris que les fortunes américaines étaient en mesure de racheter le patrimoine des familles européennes nobles et désargentées, avait coutume d'affirmer « *Europe has a great deal of art, and America has a great deal of money* ». Tout au long de la première moitié du XXe siècle, il ne cessa pas d'ouvrir des galeries et de fournir en œuvres d'art les plus grands magnats d'Amérique, les Frick, Hearst, Morgan, Rockefeller et autres Andrew Mellon. Ces efforts lui valurent d'être anobli, en 1933, sous le titre de *First Baron Duveen of Milbank*. À l'époque où il fit appel à Berenson, celui-ci était si fameux pour ses publications et ses apports décisifs aux collections que s'attacher ses services revenait à recevoir le plus précieux des blancs-seings. Comme la compromission de Berenson avec l'acquisition du patrimoine européen, et l'immense fortune qu'il put bâtir là-dessus, ont valu à son honnêteté d'être mise en doute, l'ancien boursier d'I Tatti que je suis se doit bien de dire quelques mots à ce sujet.

On a retrouvé, il est vrai, quelques faux parmi les tableaux qu'il a fait vendre, jusque dans les collections de Mme Gardner elle-même. Mais le plus grand soupçon qui plane autour du travail de Berenson, dans l'ensemble, il me semble qu'il convient de le récuser. Berenson lui-même a été victime des faussaires. Ses collections de peintures siennoises et florentines du XIVe et du XVe siècle, écoles dont il était grand amateur, recèlent elles-mêmes plusieurs pièces à l'authenticité douteuse. On y trouve notamment un faux tableau fin XVe, dans le goût botticellien, à propos duquel je n'ai jamais pu m'expliquer son erreur. Ces erreurs ont à nos yeux l'air d'évidences rédhibitoires, alors qu'elles devraient simplement nous convaincre qu'aucun œil, jusqu'au plus grand, n'est infaillible. De plus, la connaissance a bien évolué depuis son époque. Sans que cela l'exonère totalement, tous les faussaires de l'époque se testaient avec lui. Si leurs productions n'étaient pas démasquées, ils pouvaient considérer qu'ils étaient bons faussaires. La véritable question qu'il faut se poser alors est plutôt celle de sa relation avec les marchands. Berenson entretint des rapports si étroits avec eux qu'ils pourraient suggérer la compromission ; en fait, c'est d'abord un constat qui devrait nous pousser à dire qu'il les a bien menés : il est à l'origine de superbes collections. À combien les tableaux ont-ils été évalués ? Berenson a-t-il touché de trop grosses commissions ? Cela, au fond, n'a plus grande importance. La collection Gardner, comme la collection Johnston de Philadelphie, ou la Walker Art de Baltimore, attestent d'un goût exceptionnel et recèlent chacune plusieurs chefs-d'œuvre incontestables, qu'il serait impossible d'acheter de nos jours ou qui, à sommes constantes, coûteraient aujourd'hui à un acquéreur des fortunes immenses. Tout le monde y a trouvé son compte. Il n'en reste pas moins que Berenson est la clé pour comprendre le métier d'œil et tous ses paradoxes : pour la première fois dans l'histoire, les techniques de Morelli et de Cavalcaselle ont permis à un homme de faire de grands profits, au risque de faire oublier son œuvre de savant à proprement parler, pourtant remarquable.

Car Berenson fut un historien d'art exceptionnel, l'un des plus grands toutes catégories confondues, quoique atypique. De ses premières années à Florence à la fin de sa vie, Berenson n'a pas cessé de fréquenter les œuvres, dans les églises et dans les musées, tout en tirant parti des nouvelles techniques de reproduction. Il ne se servait pas de ses carnets pour aligner des croquis, comme le faisaient ses prédécesseurs, mais les utilisait plutôt comme des sortes de blocs-notes, où il relevait en quelques lignes l'impression produite sur lui par les œuvres, avant de s'adresser à l'administration des musées ou des galeries en question pour obtenir des photographies. Il constitua de cette manière, dans sa villa, l'une des plus riches et des plus anciennes photothèques jamais réalisée. Berenson travaillait sur les clichés, notant au dos, de sa grande écriture déliée, des attributions plus ou moins précises, « *Early Botticelli* », « *Sano di Pietro* » ou simplement « *Venitian School* », avant de les ranger selon un système de classement très élaboré, et en évolution perpétuelle, dont la plus grande constante était la complexité. Il rassemblait les photographies par groupes, y distinguait des sous-groupes, et ainsi de suite jusqu'aux artistes. Il n'hésitait pas, en agençant et en réagençant, à pousser l'intuition plus loin que les certitudes, dont seules les annotations sont le gage. Aujourd'hui encore, quand un historien d'art veut consulter l'avis de Berenson sur une œuvre qu'il n'a jamais attribuée de manière définitive, il peut se rendre à sa villa et consulter l'état de la photothèque, chose qu'il manque rarement de faire... Il a alors comme le dernier état, ou la photographie, du travail de cette imagination vivante et mouvante.

Quelques décennies avant le début des activités de Berenson, en 1860, l'historien d'art allemand Johann David Passavant avait consacré à Raphaël le premier catalogue raisonné de l'histoire de l'art. Ce nouveau type d'ouvrages était lié à une véritable ambition de nettoyage dans le corpus du peintre, dont le nombre d'œuvres attribuées se trouvait manifestement beaucoup trop élevé, et au milieu duquel il s'agissait d'y voir clair en faisant le tri entre les œuvres dont la paternité se trouvait hors de doute, celles que l'expert pensait devoir lui attribuer, et toutes celles qu'il convenait de rejeter. Le catalogue raisonné se divisait en trois différentes rubriques correspondant aux trois différents choix d'attribution, et chacune des entrées était motivée de façon argumentée. Les ouvrages de Berenson, eux, poussèrent la logique du nettoyage plus loin encore, en prenant la forme de simples listes d'œuvres attribuées à une série d'artistes de même école, classés par ordre alphabétique. À l'intérieur de chaque article ne figurait rien d'autre que le titre des œuvres, leur lieu de conservation, voire la mention E pour *Early* (tôt), L pour *Late* (tardif). C'était, si l'on veut, un immense catalogue irraisonné, dont le principe ne reposait sur rien d'autre que sur la seule autorité de Berenson. En se passant de justifier, Berenson pouvait embrasser un corpus beaucoup plus large que s'il se fût livré aux exercices classiques du catalogage. Aucun des œils que je connais ne peut s'empêcher de se rapporter aujourd'hui à cette époque comme à des temps bénis de la connaissance. Après avoir vu dans une œuvre ce qu'il fallait voir, je me suis demandé moi-même plus d'une fois pour quelle raison il faudrait chercher encore des prétextes ou des raisonnements, et feindre de donner une justification pour appuyer une intuition. Qu'il serait simple de se contenter de donner la réponse ! Les pairs, si elle est justifiée, la reconnaissent en général immédiatement. C'est pourquoi aucun œil véritable ne saurait être exempt d'envie à l'endroit de Berenson ! Il a fait ce que nous aimerions tous pouvoir écrire : « Je vous le dis, croyez-moi. » Cela n'a toutefois pas empêché Berenson de rédiger en 1894 une monographie dédiée à Lorenzo Lotto, un peintre vénitien très particulier, qui n'avait pas encore obtenu, de la part de l'histoire de l'art, le statut de génie qu'il méritait. *Lorenzo Lotto. An Essay in Constructive Art Criticism* est un manifeste du père du *connoisseurship*, ouvertement fondé sur l'analyse morellienne, mais intimement articulé à l'histoire.

Les listes se répartirent d'abord en autant d'ouvrages qu'il existait d'écoles en Italie, selon les critères de Berenson. La première d'entre elles, sur laquelle il assit sa gloire, fut consacrée aux *Venitian Painters of the Renaissance, with an Index of Places* (1894), alors que sa compagne Mary Logan publiait elle aussi son premier ouvrage, *Guide to the Italian Painters at Hampton Court, with Short Studies on the Artists*. Une comparaison des deux ouvrages laisse très vraisemblablement penser qu'elle prit une large part à la rédaction de celui de Berenson. Par la suite, toujours avec son aide, Berenson fit paraître *Florentine Painters of the Renaissance* (1896), *Central Italian Painters of the Renaissance* (1897), et enfin *Northern Italian Painters of the Renaissance* (1907). Quand il en avait vu davantage, Berenson reprenait ses résultats et modifiait certaines propositions. Ainsi, le volume consacré aux *Central Italian Painters* fut-il réactualisé trois fois, en 1903, 1909 et 1918. C'est en 1932 que Berenson fit la somme de ses recherches, dont il présenta l'essentiel des résultats, hormis quelques artistes mineurs, dans son grand ouvrage *Italian Painters of the Renaissance. A list of the principal artists and their work, with an index of places*. Ce livre fut le premier ouvrage d'histoire de l'art anglo-saxon à être aussitôt traduit en français et en italien. *The*

Drawings of the Florentine Painters (1938), une autre somme en trois volumes, tout à fait remarquable, ne fut traduite qu'en italien. Il s'y attaquait à un objet redoutablement délicat, le dessin, de manière tout à fait exceptionnelle, objet auquel, à mes yeux, un véritable connaisseur doit s'être frotté autant qu'à la peinture. Pourtant, si ses illustres prédécesseurs, comme ses plus grands successeurs, surent bien se repérer dans l'ensemble de la création picturale, des primitifs à leurs contemporains, ils ne ressentirent jamais le besoin, comme lui, d'aborder le dessin. Berenson, grâce à sa sensibilité extraordinaire, dans une époque où il n'existait pas encore de véritable méthode pour leur étude, parvint à apparenter les feuilles de manière remarquable, à distinguer des groupes, des sous-groupes, parmi le fonds de dessins italiens le plus fourmillant qui soit au monde, celui de la Galerie des Offices de Florence. Sa relation avec les marchands lui permit par ailleurs de jouir d'un accès privilégié à un grand nombre d'autres feuilles conservées par les collectionneurs d'Angleterre, des États-Unis, et du monde entier. Je peux dire que, par ce côté, quoique formé aux méthodes de l'histoire de l'art de Roberto Longhi, je me sens extrêmement proche de Berenson, dont je partage le goût pour le dessin.

Berenson, avec le sérieux qui le caractérisait, était tout l'inverse de l'intellectuel livresque. C'était un homme de la sensibilité et des sens. Il constitua néanmoins l'une des bibliothèques les plus riches de la discipline, qui représente un deuxième legs précieux à notre science. Le champ de l'histoire de l'art était en pleine expansion à son époque et, chaque année, la France, l'Angleterre, l'Italie voyaient paraître de nombreuses publications, qu'il achetait systématiquement. Il recevait les revues d'histoire de l'art, comme la *Gazette des Beaux-Arts*, créée en 1859, sous Napoléon III, qui donnait des textes en accompagnement de reproductions d'œuvres à la gravure au trait, quelques années avant que n'apparaissent les premières photographies imprimées. Il y avait aussi toute une série de revues italiennes très scientifiques, liées au dépouillement systématique des archives, pratique typique du XIXe siècle. Les œuvres y étaient publiées avec une documentation, et tout cela constituait une véritable somme de connaissances. Mais il n'existait pas encore de revues fonctionnant selon les véritables principes du *connoisseurship*, discipline qu'il allait revenir à Berenson de fonder.

Le *connoisseurship* désignait jusqu'à lui la compétence de celui qui pouvait trancher une controverse en matière de beaux-arts et, plus largement, dans toutes les questions qui ont trait au bon goût, la gastronomie incluse... Ce mot de consonance française, dans les cercles de Grande-Bretagne, au XVIIIe siècle, avait peut-être quelque chose d'ironique. Le *connoisseur* est doué de prestige, mais son savoir avait quelque chose de mystérieux, peut-être d'incertain. Les mauvaises langues, peinant à le suivre, pouvaient être tentées de le faire passer pour un charlatan. Berenson adapta, reprit cette notion pour la revue qu'il fonda avec deux amis, Roger Fry et Herbert Horne, revue au nom complet révélateur : *The Burlington Magazine for Connoisseurs* (1903). Le terme désignait l'aptitude à formuler des jugements de goût, mais aussi l'art de Berenson lui-même, qui consistait à reconnaître des maîtres. Cette ambiguïté s'appuyait sur l'idée qu'un peintre se caractérisait par un « je ne sais quoi », un petit rien indiscernable qui s'apparentait, dans son flou, à la beauté. Ce mot, à la charnière du positivisme et de l'esthétisme, convenait bien au tempérament dandy de Berenson. D'où le principe d'une science à base de listes, qui l'isolait du commun des savants pris dans les rets de l'argumentation, et lui donnait la grâce d'un génie… La revue faisait la part belle, du XIIIe au XVIIIe siècle, à la constitution de groupes de tableaux, à la réattribution, à tous les gestes canoniques du *connoisseurship* dont sont issus les œils d'aujourd'hui. Berenson y fit paraître un article sur l'art siennois des XIIIe et XIVe siècles qui fait encore autorité. Mais la revue ne se cantonnait pas à cet aspect scientifique. Roger Fry, membre brillant du *Bloomsbury Group*, auquel Virginia Woolf a consacré une biographie, donnait au *Burlington Magazine* une orientation plus littéraire. Ses synthèses audacieuses, inspirées par John Ruskin, complétaient le travail méticuleux de Berenson.

La collection d'œuvres d'art réunie par Berenson, très éclectique, d'un goût très sûr, lui survit aussi dans sa villa, entrouverte au public. Toutes les écoles italiennes s'y trouvent représentées, pas seulement celles de Sienne et de Florence, qui étaient à la mode. Conformément à ses inclinations, on y découvre beaucoup de primitifs, et peu de tableaux des XVIIe et XVIIIe siècles, époques qui n'intéressaient Berenson que pour leur contribution au domaine de l'art du mobilier. On trouve de superbes pièces décoratives françaises du XVIIIe, des tables et des fauteuils italiens du XVIIe, voisinant avec d'autres objets qui suscitaient sa passion, parmi lesquels les productions de l'art oriental n'occupaient pas le dernier rang. Statuettes indiennes, bronzes japonais, porcelaines chinoises, la disposition de ces objets dans sa maison montre qu'il les aimait profondément. Il possédait au moins deux chefs-d'œuvre incontestables : le centre d'un retable de Sassetta, célèbre peintre siennois du XVe siècle, dont les autres morceaux sont à la National Gallery de Londres, au musée du Louvre, au musée Condé de Chantilly…, ainsi qu'une *Madone à l'Enfant* de Domenico Veneziano, une peinture aux tons métalliques, très curieuse, où la figure de la Vierge se détache sur un fond de brocart, exemplaire typique de l'art qui s'est développé au carrefour des écoles de Florence et d'Italie centrale, dans la tradition de la *Pittura di Luce* où Piero della Francesca s'est illustré. Simple fait du hasard ou allusion sophistiquée, dans le célèbre *Portrait d'Isabella Gardner* peint par John Sargent, le modèle pose devant un brocart rouge et or servant d'auréole au modèle, qui n'est pas sans évoquer cette Madone de Domenico Veneziano.

Lorsque Bernard Berenson mourut en 1959, sa secrétaire entreprit de republier ses quatre grandes listes dans une version réactualisée, accompagnée des photographies conservées à la photothèque d'I Tatti, ce qui permit de diffuser son matériel. Durant toute la vie de Berenson, sa maison fut fréquentée par des personnalités des mondes artistique, intellectuel et des affaires. Conformément à sa volonté, son patrimoine revint entièrement à l'université Harvard, qui en est la gardienne aujourd'hui. De la photothèque, des livres, de la bibliothèque, de la collection personnelle et de la maison qu'il laissa, c'est peut-être elle qui, aujourd'hui, avec son beau jardin Renaissance, nous permet de nous retrouver au plus près de lui... Car le portrait de l'homme ne serait pas complet sans qu'on évoque sa passion pour les jardins, et cette villa, pour son architecture mais aussi ses parages, permet de comprendre le caractère exceptionnel de son ancien propriétaire.

Les Anglo-Saxons qui, comme Berenson, décidèrent de s'établir définitivement en Italie au tournant du XIXe siècle n'étaient pas rares. Ils s'installaient somptueusement, dans des villas du XVIIe ou du XVIIIe siècle, juchées sur des collines aux alentours pittoresques, comme l'emblématique propriété, jadis habitée par Galilée, où Violet Trefusis recevait ses amis sous le titre de « la châtelaine de *L'Ombrellino* ». On transformait alors les jardins de ces vastes propriétés. La maison de Berenson, qui ne ressemblait pas au départ à ces ambitieux domaines, devint rapidement une authentique villa, grâce à maints ajouts de *pietra serena*, de loggias, de vastes pièces pour sa *Library*, et la taille d'un jardin qui rappelle celui de la villa d'Este à Tivoli, plutôt que les jardins florentins à proprement parler. Fontaines, buissons, orangerie, allée de cyprès, tout le rêve de l'Anglo-Saxon en quête d'Italie s'y concentre. La nature, hormis les quelques perspectives ménagées, a été respectée et laissée à sa place. Lila Acheson Wallace, Américaine célèbre pour sa fortune et pour son goût des fleurs, à laquelle on doit les bouquets du hall du Metropolitan Museum of Art de New York, mais aussi la restauration de Giverny, légua une considérable somme d'argent à l'université Harvard pour l'entretien des jardins d'I Tatti, où l'on plante, chaque année, avec beaucoup de recherche, des oignons de fleurs sur les parterres et dans les prés de la villa. Si bien qu'à chaque printemps éclate une floraison intense, qui semblerait anarchique si elle n'était pas aussi savante, donnant forme à un véritable petit jardin impressionniste, où se déploie librement une nature non domptée. Des abeilles y bourdonnent, rappelant le maître des lieux, qui, avec ses initiales et un peu de malice, avait inventé les armes de la maison : abeille rouge sur fond blanc, lettres B.B. entrelacées en partie supérieure de l'écusson... Sous son impulsion, la villa I Tatti élargit son empire sur les terrains qui la bordaient, s'adjoignant des vignes, une oliveraie, des prés, se transformant en ferme de production idéale et idyllique, où les membres admis à vivre dans la communauté, afin de perpétuer l'esprit dans lequel Berenson a habité ces terres, ont obligation de déjeuner ensemble, de faire les vendanges, d'assister à la presse de l'huile d'olive... On peut avoir l'impression, aujourd'hui, que l'art des jardins constituait sa véritable passion, son autre grande préoccupation, entièrement désintéressée celle-ci, mais qui lui valut de nombreuses relations et beaucoup d'amis. Il entreprit pour elle maints voyages à travers toute l'Europe et Charles de Noailles, qui fit aménager un superbe jardin dans sa villa à Grasse, comptait au nombre des visiteurs réguliers d'I Tatti. Je crois qu'il faut souligner cette sensibilité particulière, qui permettait à Berenson de « vivre un jardin ». Le connaisseur se doit d'entrer dans la vie des tableaux et, s'il ne voyait en eux que des images, s'il n'était pas aussi sensible, il ne pourrait pas les comprendre… Les tableaux sont faits de matière, comme sont matérielles les impressions suscitées en foule par un jardin exubérant, peuplé de fleurs, d'insectes, de chaleur, de ruissellements et de bourdonnements.

Est-ce une ironie du sort ? La villa n'a pas servi à fonder une école Berenson du *connoisseurship*, malgré tout l'héritage laissé par ce grand personnage. Si les œils, fort heureusement, y sont les bienvenus, ils y sont aujourd'hui très peu représentés et, après une génération de grands historiens d'art, le *connoisseurship* de tradition américaine s'est éteint. Comme si Harvard avait rejeté l'essence même de l'activité qui avait rendu Berenson célèbre, avait voulu revêtir l'institution de l'habit en apparence plus respectable de l'intellectualité : on y trouve surtout maintenant des chercheurs s'intéressant à la Renaissance, à la confluence de la musicologie, de l'histoire littéraire, de l'histoire de l'art et de l'histoire classique… Il y règne une atmosphère quelquefois pédantesque profondément étrangère à l'esprit de son fondateur, que l'on ne peut s'expliquer qu'en admettant, peut-être, qu'I Tatti considère l'attribution comme son péché originel… Aussi le métier d'œil ne s'y apprend-il plus. L'année que j'y ai passée, entre 1998 et 1999, avec Carlo Falciani, seul autre représentant de l'héritage de Berenson, nous avons pu initier nos collègues aux rudiments de l'art du fondateur. Même alors, nous figurions moins parmi ces chercheurs pour notre œil que pour notre formation de spécialistes du XVIe siècle, qui devait beaucoup moins à Berenson qu'à son plus grand rival, Roberto Longhi…

Par un heureux hasard, ou par un judicieux trait de prétention, l'historien d'art dans la maison duquel, on s'en souvient, j'achevai sous les auspices de Mina Gregori ma formation de jeunesse, et auquel je dois ma manière d'aborder la peinture, avait fait l'acquisition d'un domaine situé exactement en face de celui de son homologue américain, sur la rive gauche de l'Arno, fleuve sur les bords duquel il passa la plus grande partie de sa vie, puisqu'il détint longuement une chaire d'histoire de l'art à l'université de Florence. Comme son rival, il transforma la bâtisse en villa, la villa Il Tasso, sur le modèle du XVIIIe siècle, qui est devenue aujourd'hui une prestigieuse fondation de recherche. Roberto Longhi, dans sa jeunesse, présentait plutôt un physique que l'on aurait dit italien, malgré un nez présent il possédait des traits plutôt fins, les cheveux bien sûr gominés, une petite moustache et souvent une cigarette au bec qu'il gardera toute sa vie. Au même titre que Berenson, Longhi était doué d'un œil exceptionnel, capable de se retrouver dans tout l'art italien, du XIIIe siècle à son époque, où il avait peu de goût pour les avant-gardes futuristes et modernistes, mais défendait ardemment la peinture réaliste de l'entre-deux-guerres et plus particulièrement celle de Morandi, grand peintre réaliste et onirique, dont les paysages et les natures mortes exhalent des significations impénétrables. Contrairement à son homologue, dont nous avons vu le sensualisme, Longhi était un homme de la métaphysique. Vraisemblablement, le point qui les rapprochait le plus était de ne pas être de grands progressistes. La sympathie de Longhi pour le fascisme, qu'il conçut sans doute comme un mouvement de renouveau de l'Italie, lui valut un fameux esclandre après la Seconde Guerre mondiale, un jour où il fut pris à partie publiquement, sur la Piazza Maggiore de Bologne, par un professeur de l'université, sur sa proximité avec plusieurs hauts dignitaires du régime de Mussolini.

C'était un œil, mais aussi un vrai inventeur, un connaisseur de l'art qui savait en appréhender la vie intime, comme le voulait Morelli, alors qu'on pourrait être tenté de rapprocher Berenson de Cavalcaselle. Roberto Longhi était très proche du milieu littéraire de l'université et sa femme, Anna Banti, fut un écrivain remarquable comme l'atteste son très beau livre *La Camicia bruciata*. Longhi lui-même était un véritable auteur, à la langue magnifique, ardue mais superbe, à la prose ornée, dont les néologismes ont donné matière à un glossaire. Il n'aurait jamais pu se contenter, pour cette raison, de publier des listes à propos des peintures. Il lui fallait éclairer par l'intelligence, commenter, mettre au jour, décrire toute une pensée. Grâce à sa sensibilité extraordinaire et originale, Longhi a pu attirer l'attention sur des peintres passés inaperçus à son époque, mais aujourd'hui unanimement admirés, comme le Caravage, la peinture ferraraise, ou Piero della Francesca, auxquels il a consacré des ouvrages fondateurs.

Durant l'entre-deux-guerres, Roberto Longhi s'est lié à Alessandro Contini-Bonacossi, l'un des plus grands marchands d'art de l'époque, qui vendait des œuvres italiennes aux riches industriels américains et servait de fournisseur à Samuel Henry Kress. Après plusieurs années de travail comme mineur, celui-ci avait eu l'idée d'ouvrir avec son frère la première chaîne de magasins Five and Dime, dont tout l'assortiment consistait en petits objets dont le prix n'excédait pas cinq ou dix cents. En quelques années, les frères Kress, personnifications du rêve américain, comptèrent parmi les plus grandes fortunes des États-Unis et, chaque année, Samuel put accomplir un tour européen immuable, avec arrivée à Baden-Baden, où il prenait les eaux, puis visite d'une ville d'art italienne chaque fois différente, qu'il ralliait en Rolls-Royce. Avec l'audace caractéristique des marchands d'art qui réussissent, Contini-Bonacossi aurait réservé à trois reprises une cabine mitoyenne sur le paquebot qui conduisait Kress en Europe, espérant que son entregent ferait le reste… Il le fit en effet : avec la complicité de la compagne de Kress, qui devait bientôt recevoir un bijou Bulgari chaque fois qu'une transaction était conclue, Contini-Bonacossi réussit à vendre un premier lot de tableaux au riche Américain. Les prix qu'il réclamait étaient extrêmement élevés, mais les tableaux de grande qualité, et aucun faux ne se glissa jamais dans les pièces proposées. Bien entendu, Longhi, qui faisait ou confirmait les attributions, toucha ainsi d'importantes commissions. On comprend qu'entre 1930 et 1940, la collection Kress soit rapidement devenue immense.

Certains des tableaux vendus par Longhi et Contini-Bonacossi se retrouvèrent exposés dans les musées des beaux-arts des grandes villes où se trouvaient les principaux magasins Five and Dime. D'autres furent légués aux universités et aux églises voisines des grandes antennes des magasins. La donation Kress, en 1941, fut l'une des plus importantes jamais faite à la National Gallery de Washington, dont elle constitue le cœur, jointe aux dons Mellon et Widner, deux autres collectionneurs du même acabit. Il est amusant de remarquer que Contini-Bonacossi, issu d'une famille juive originaire d'Ancône, finit, comme Joseph Duveen en Angleterre, anobli par le roi d'Italie au moment de la chute du régime fasciste et de la désertion du pays par le monarque. Il aimait raconter, pour sa part, qu'il devait sa fortune à la générosité d'un prêtre, qui aurait offert une précieuse collection de timbres à sa première femme, Vittoria, alors qu'elle dirigeait un atelier de confection pour hommes à Milan. Au vu de l'ampleur considérable de sa réussite financière, il est permis de douter de l'exactitude de cette charmante anecdote. Mais, avec Roberto Longhi, il contribua, plus encore que l'infernal tandem de Berenson et du « baron de Milbank », à l'enrichissement des collections publiques et privées américaines. L'ancrage de Roberto Longhi dans l'université ne l'empêcha jamais de recevoir des commissions sur les ventes des tableaux, et il tira même parti de sa proximité avec les autorités pour faire sortir de nombreux chefs-d'œuvre des collections princières italiennes, en direction des États-Unis. Contini-Bonacossi et Longhi aidèrent aussi sans doute certains hauts dignitaires de l'époque à s'approprier des œuvres spoliées, à les cacher durant la guerre, à les revendre pour leur propre compte ou à les mettre à l'abri quand tout cela fut fini… On n'a certainement pas tout dit à ce sujet et, comme on le voit, il reviendra aux jeunes générations de jeter une pleine lumière sur cette affaire. Quant aux historiens d'art plus anciens, dont je fais partie, et qui doivent tous beaucoup à Longhi, ils préfèrent souligner l'immense qualité de ses apports scientifiques…

Les publications de Roberto Longhi, contrairement à celles de Berenson, furent toujours soucieuses d'historicité. Il montra très bien tous les enjeux moraux liés à la peinture du Caravage, dont on apparentait les clairs-obscurs, le grotesque, à une déperdition de la réalité, alors que ce peintre de la pauvreté, de la saleté, de la misère, était pourtant pénétré de réalisme ! Longhi montra simplement que c'était un réalisme spirituel. Le Caravage ne dédaignait pas la nature, mais il lui fallait représenter une nature intérieure, d'où émanait un souffle, portant la marque de la métaphysique, comme les natures mortes de Morandi que Longhi défendit aussi. Longhi comprit parfaitement que le Caravage était l'un des artistes poussant le plus, peut-être, à la corruption et au dévoiement… Ce peintre mourut d'ailleurs sur une plage, assassiné par un jeune homme à qui il montrait des bontés trop pressantes, comme, des années plus tard, Pier Paolo Pasolini. Est-ce un hasard révélateur ou une simple coïncidence ? Le célèbre réalisateur italien avait assisté aux cours professés par Roberto Longhi sur ses peintres favoris à l'université de Bologne, et même envisagé, quelque temps, la rédaction d'une thèse sous sa direction, une recherche consacrée à l'art italien contemporain dont il n'acheva que quelques chapitres.

Il m'a toujours semblé qu'à la suite de Longhi on avait parfaitement éclairé la peinture du Caravage. Son style inimitable, les productions qu'on lui doit, sont aujourd'hui parfaitement décrits grâce aux travaux qu'il a publiés. Cette œuvre a pourtant tellement fait augmenter la valeur marchande du peintre, dont les tableaux oscillent entre 70 et 100 millions d'euros, que nous faisons face aujourd'hui à une recrudescence d'attributions, souvent abusives, qui mêlent des copies ou des productions d'atelier au répertoire bien établi. Dans les catalogues de vente actuels, je ne retrouve plus le Caravage que nous expliquait Mina Gregori, en 1985, à Naples, dans le vaste musée de Capodimonte, à grand renfort de coups de lampe torche rouge, devant des tableaux qu'elle avait passé neuf ans à étudier sous son autorité. Elle-même pourtant, depuis lors, ne s'est pas interdit de participer au grand battage qui a fait de son peintre un artiste beaucoup moins clair.

La rigueur de la méthode de Longhi lui a permis de fonder la plus durable école des œils qui ait été. Au sortir d'une année à la fondation Longhi, chacun se sent dépositaire d'une remarquable tradition scientifique, qu'il est appelé à perpétuer. En France, où ses premiers disciples ont introduit sa méthode de formation des étudiants, l'École du Louvre en dispense de solides fondamentaux. Si son histoire de l'art a réussi à s'implanter aussi profondément dans les institutions, c'est que, tout en réservant une place de choix à l'attribution, elle n'est pas pour autant « attributionniste ». Les historiens d'art longhiens font des recherches, explorent les archives, produisent des catalogues raisonnés et des réflexions comparatives sur la peinture et tous les arts avec lesquels elle est susceptible d'entrer en dialogue : littérature, musique, sculpture. Un longhien, en général, a entrepris une ou plusieurs biographies d'artistes, et cherché à les resituer dans leur époque, à donner un sens à leur œuvre au regard de l'histoire. Le travail mené en commun avec Anne Fabre, par exemple, n'aurait jamais été pensable si nous n'étions pas allés lire *Le Livre du courtisan* de Castiglione, et nombre d'œuvres de la culture de l'époque beaucoup moins célèbres, mais indispensables à la remise en perspective de l'œuvre dans un système. De même, sans la reconstruction de la réalité historique du XVIe siècle et de la situation de la bourgeoisie florentine à cette époque, je n'aurais pas été en mesure de reconnaître le *Christ* de Bronzino. La revue de Roberto Longhi, *Paragone*, porte l'empreinte de cette méthode. Si le *Burlington Magazine* de Berenson illustrait tous les principes du *connoisseurship*, *Paragone*, elle, met en œuvre un programme d'investigation intellectuel beaucoup plus général, qu'on pourrait dire culturel. Son titre reprend un ancien motif de l'histoire de l'art, celui de la comparaison, et l'investit d'un sens nouveau, en déclinant la revue selon deux couleurs, le *Paragone*-littérature en bleu, et le *Paragone*-art en orange. La confrontation ou comparaison a d'abord été une dispute critique soulevée entre artistes exerçant des arts de différentes natures. Son premier avatar remonte au début du XIVe siècle et au débat qui opposa le peintre siennois Simone Martini, alors au service de la papauté en Avignon, au grand poète Pétrarque, l'auteur du *Canzoniere*, le chantre des *Sonnets à Laure*. Le peintre avait fait, à la demande du poète, un portrait de l'auteur et de sa bien-aimée, lequel, en remerciement, s'appuya sur cette œuvre pour conclure à la supériorité de la poésie sur la peinture car, malgré tout son talent, Simone Martini ne pouvait pas communiquer la vie à son portrait. Cette querelle hanta la pensée des peintres du XIVe et du XVe siècle, avant de trouver finalement une réponse dans la *Joconde*, tableau qui mérite aujourd'hui tous les honneurs qu'on lui fait pour une raison précise, celle d'avoir été le premier tableau où, grâce au génie de Léonard, se trouva insufflée la vie. Le peintre avait eu l'idée de faire sourire son modèle... Il mit ainsi fin au premier *paragone*, bouleversement dont on trouve les séquelles dans certains mots aussi célèbres que celui de Napoléon, selon lequel « un bon dessin vaut mieux qu'un beau discours ». Benedetto Varchi allait inaugurer le *paragone* sous une seconde forme. Ce personnage fascinant du XVIe siècle, républicain, quitta Florence pour Venise au moment de l'accession au pouvoir des Médicis, mais, malgré sa profonde aversion pour le régime monarchique de la ville, revint à sa première patrie au moment de la création de l'Académie littéraire voulue par le jeune duc Côme. Entre 1547 et 1548, il interrogea les artistes florentins pour savoir quel art, de la peinture ou de la sculpture, devait être considéré comme supérieur. La plupart des artistes prêchèrent pour leur chapelle, mais Pontormo, grand peintre, vanta la qualité des deux et affirma que, si une chose comptait par-dessus tout, c'était bien le dessin. Michel-Ange, l'artiste pour lequel le *paragone* avait été inventé, car il avait la réputation d'être aussi bon peintre que sculpteur, poussa la malice plus loin encore et affirma que l'unique chose qui comptait, c'était l'idée. C'est à lui qu'il revenait de trancher le débat. Michel-Ange y mettait fin, car le rôle du dessin, comme il avait coutume de l'affirmer, était d'exprimer l'idée. Pontormo, son suiveur, en affirmant la suprême dignité du dessin dans le *paragone* des beaux-arts, se faisait l'écho de cette position. Chez Longhi, le terme de *paragone* prit son troisième sens, un sens critique, non plus comme confrontation des arts les uns avec les autres, mais comme méthode d'investigation intellectuelle générale, puisque la ligne de la revue, sous-titrée « *rivista mensile di arte figurativa e literatura* », invite à l'application du principe de comparaison tous azimuts : d'un art avec un autre, d'un artiste avec un autre, des œuvres d'un artiste ou d'une école ou d'un corpus délimité entre elles, afin de faire surgir de la connaissance. La méthode comparative de Morelli, circonscrite aux détails, est ici élargie et prend la forme définitive d'une méthode générale de l'œil, aussi attentive à la part objective de l'œuvre des artistes qu'à leur intime pensée et à leur incontournable statut d'intellectuels.

La fondation Longhi, contrairement à celle de Berenson, a su rester centrée sur son premier domaine de prédilection, l'histoire de l'art, et perpétuer, de ses origines à nos jours, la tradition du *connoisseurship* et de la formation de l'œil à l'attribution. La villa de Longhi a servi, du temps où il vivait encore, de sorte d'école d'Athènes, où il accueillait les invités étrangers, dont Sylvie Béguin et Michel Laclotte, les piliers du longhisme en France, qui ont fourni en contributions les premiers numéros de *Paragone*. Grâce à des bases très fortes, ses plus intimes disciples se sont partagé les chaires d'histoire de l'art dans les facultés italiennes. À sa mort, une rupture entre les élèves a affaibli les liens de solidarité de ce grand réseau. La nouvelle génération – car le longhisme, de son fondateur à nous, a compté deux générations d'historiens d'art – a mis du baume sur ces plaies, mais le déchirement a été vif et parfois cruel. Nous vivons aujourd'hui en bonne entente, mais cela ne doit pas nous faire oublier que les longhiens, à cause de leur passion du pouvoir, se sont montrés parfois très durs. Federico Zeri (1921-1998), contemporain de la première génération d'historiens d'art formés par Longhi, l'œil le plus flamboyant à lui avoir succédé, a été répudié par celui-ci et a vécu en marge de l'université jusqu'à la fin de sa vie. C'est de ce dernier personnage étonnant qu'il sera question ici.

À l'époque où je suis arrivé en Italie, Federico Zeri était une sorte de monstre sacré. Aller le rencontrer représentait l'aboutissement de tout mon itinéraire de formation. C'était un excentrique, mais d'une érudition extrêmement fine et surprenante, il représentait pour tous les jeunes chercheurs l'œil le mieux à même de les aider dans leurs recherches, notamment en raison de son goût pour l'investigation des champs marginaux de l'histoire de l'art. Tout au long de ma première année, je n'ai pas osé l'approcher. À l'université de Rome, entre 1943 et 1944, sous la direction de Pietro Toesca, il rédigea une thèse sur Jacopino del Conte, modeste peintre florentin élève d'Andrea del Sarto. Il était de cette classe d'œils passionnés par les petits maîtres, pour lesquels il est impératif de mêler les ressources de l'érudition locale à la grande tradition de l'histoire de l'art. Jacopino del Conte, en l'occurrence, fut le successeur d'une génération de grands maîtres florentins incarnée par Andrea del Sarto, Pontormo, Bronzino, Bandinelli dans la première moitié du XVIe siècle ; Vasari en parlait comme d'un bon portraitiste.

Zeri habitait près de Rome, à Mentana, et il avait fixé des cadres très stricts à toutes les premières prises de rendez-vous. Il fallait appeler entre sept heures et huit heures du matin, les jours de la semaine. Au-delà, il faisait dire qu'il n'était pas à la maison, alors même qu'il passait une bonne partie de la journée au téléphone, recourant à toutes sortes de sobriquets pour exercer son humour aux dépens de personnalités romaines liées aux milieux de l'histoire de l'art, de la politique, des affaires, du grand monde et du demi-monde. J'ai connu plusieurs de ses secrétaires qui se plaisaient à raconter ses succès et ses mésaventures. Il aimait à se faire passer, notamment, pour Wanda Budelai, prétendue journaliste du *Corriere di*

Viterbo, un petit journal d'une localité proche de Rome. Un jour, il appela la Villa Médicis pour annoncer que Wanda Budelai ne se rendrait à l'inauguration d'une exposition prévue les jours suivants que si l'on y donnait un cocktail, ce que ne précisait pas le carton d'invitation. « Rien n'est prévu, monsieur le professeur, lui répondit la secrétaire, mais vous savez bien que vous êtes toujours le bienvenu chez nous. » « *Wanda non può più chiamare !* » (« Wanda ne peut plus téléphoner ! »), s'écria-t-il à son secrétaire, déconfit, après avoir reposé le combiné. Ce n'était qu'une déconvenue anodine, compte tenu des outrecuidances qu'il pouvait se permettre pour agrémenter ses journées…

Nous lui rendîmes visite un jour de printemps. Nous devions certainement l'intriguer, déjà du fait de mener une recherche à deux. Notre sujet de thèse sur les portraits florentins au XVIe siècle entrait dans l'un de ses domaines de prédilection, et je crois qu'il nous prit en affection. Peut-être que ses rapports tendus avec les historiens d'art italiens expliquent une partie de cette bienveillance envers le sang neuf que nous représentions. Sa maison de Mentana était juchée sur une colline, dans une banlieue romaine plutôt banale. C'était une maison moderne, de style années 50, dépourvue du charme des demeures de Berenson et de Longhi. Amateur d'épigraphie grecque et latine, Zeri avait pourtant réussi à donner du relief à ses façades en y encastrant des marbres, des graffitis, des fragments de frise, procédé reproduit sur certains monolithes de pierre de son jardin. Comme Longhi, il avait une collection très intéressante d'objets, de sculptures, ainsi que des tableaux d'époques différentes. Bustes antiques, statues médiévales, mobilier baroque, tapisseries XVIe siècle conféraient à sa demeure un aspect plus romain que toscan. Aux murs du salon pendaient deux grandes tapisseries exécutées d'après un carton de Salviati, représentant le *Printemps* et l'*Automne*, dans des teintes azur et vert d'eau puis orangé et pourpre, tout cela entrelacé d'or. Il les a léguées à la Villa Médicis, siège de l'Académie de France à Rome. À travers une suite de hall, escalier, couloirs, le visiteur atteint finalement le lieu où reçoit le maître : sa bibliothèque. De nos jours, les historiens d'art possèdent encore des bibliothèques qui souvent tapissent l'ensemble des murs de leurs appartements, mais généralement ceux-ci présentent, comme le mien, des dimensions réduites. De la sorte, on ne pouvait être qu'impressionné lorsque l'on traversait la bibliothèque de Zeri, qui finalement recevait dans l'ultime pièce, remplie de boîtes recouvertes de tissu vert, renfermant son impressionnante collection de photographies.

Zeri savait mettre ses convives à l'aise. Il vous expliquait d'abord comment prendre l'autobus puis, une fois que vous étiez arrivé à Mentana, faisait envoyer son chauffeur sur un simple coup de fil, qu'on passait d'un bar de village, entre les habitués qui viennent prendre leur café ou se rafraîchir avec une bouteille de *crodino* à n'importe quel moment de la journée. Le trajet durait deux minutes. C'était sa manière de venir à notre rencontre, car il présentait un certain embonpoint, et souffrait de la goutte. Il nous reçut très chaleureusement, Anne et moi, forts de notre année de recherches, les bras pleins de matériel qu'il ne connaissait pas encore. Nous nous sommes installés dans sa photothèque, où il nous a longuement commenté ces images en soulignant maints détails que nous n'avions pas vus. Des heures durant, nous attribuions ensemble, jouant à relier les documents, remanier les groupes, reconstituer les corpus. Cet ensemble de portraits l'intéressait énormément, et ce fut une journée extrêmement riche, car il se montrait tel qu'il était quand il travaillait seul. Cela nous a tellement marqués que nous ne pûmes, les mois suivants, regarder les portraits sans l'œil de Zeri. À la fin de l'après-midi, il nous enjoignit à revenir le voir régulièrement.

Certains lui faisaient la réputation d'être peu aimable, mais, chaque fois que nous nous rencontrâmes ultérieurement, il s'informait sur mes recherches en cours. Un jour que je me trouvais au rez-de-chaussée du palais Corsini, un somptueux palais baroque situé sur les bords de l'Arno à Florence, au milieu de murs entièrement peints à fresque, pour assister à la présentation d'un livre, Zeri réussit à en faire un compte rendu fort curieux, où il ne disait pas que du bien de cet ouvrage, au grand dam de l'auteur et de l'éditeur présents. Il était toujours aussi gros, avait du mal à marcher, souffrait sans doute de la goutte mais, après son intervention, quelque peu essoufflé, m'ayant repéré dans l'assistance, il se dirigea vers moi pour me saluer, mais aussi vraisemblablement pour échapper à une bourgeoise prête à le flatter. « *Caro Costamagna !* s'exclama-t-il, qu'est-ce qui vous occupe en ce moment ? » Je lui répondis que j'étudiais les portraits de jeunesse d'Alessandro Allori pour le compte de la fondation Longhi. Il m'écouta très gentiment puis partit en s'écriant à voix haute, agitant la main à hauteur de la tempe : « *La gente è pazza* ! » (« Il y a des fous ! »). Je ne sus que penser, et on a dû me voir rougir, mais selon un aveu qu'il me fit ensuite, il trouvait le sujet fort intéressant. Depuis ce jour, ce mot est devenu un instrument auquel on recourt souvent pour tourmenter gentiment des étudiants prometteurs.

Quoiqu'il n'ait jamais été professeur, contrairement à la majorité des élèves de Roberto Longhi, tout le monde appelait Zeri *il professore*. Après avoir achevé sa thèse, il fit un bref passage à l'inspection territoriale de Rome, pour le compte de la surintendance, et il fut chargé du recensement et de la préservation du patrimoine. C'est un poste qu'il abandonna vite. Zeri, rapidement, se mit au service de son seul œil, sans avoir tiré un trait sur l'histoire de l'art comme discipline intellectuelle, mais développant son activité en marge de l'université. Au cours des années 50-60, Zeri fit ainsi la connaissance de deux personnages hauts en couleur, Jean Paul Getty et Vittorio Cini. Le comte italien, richissime, s'était vu proposer un lot de tableaux qu'Alessandro Contini-Bonacossi, le grand marchand de Longhi, n'avait pas réussi à écouler auprès de Kress. Zeri lui servit de conseiller et poussa à leur achat. Ils réussirent à les vendre à Jean Paul Getty, une relation du comte Cini, auprès duquel Zeri chercherait bientôt refuge, loin d'une Italie où tout lui semblait étrange et dépravé à la fin des années 60. Ce magnat du pétrole menait une existence fastueuse sur la côte Ouest et dans son château anglais.

À Malibu il se fit construire une fausse villa pompéienne tape-à-l'œil, qui constitue aujourd'hui l'une des deux parties de son musée personnel, avec un bâtiment de marbre massif, le Getty Center, juché sur une colline de Los Angeles.

Zeri se rendait chez Getty une fois par mois. Le comte Cini, qui rétribuait maigrement les prestations de Zeri, devint terriblement jaloux de cette relation, et finit par se persuader que Getty avait cédé des parts de son empire pétrolier à son conseiller personnel. Ce qui était parfaitement faux, car Getty était un homme radin, qui mettait à la disposition des hôtes de sa résidence anglaise de Sutton Place des téléphones à pièces ! Mais il avait l'ambition d'être un grand collectionneur et, tiraillé entre le désir d'acheter des pièces uniques et la hantise d'être volé, il avait besoin d'un homme de confiance. Zeri, qui était par ailleurs un homme extrêmement divertissant, égaya les soirées de la bonne société réunie autour de Getty jusqu'à la mort de ce dernier, en 1975. Au grand désarroi de Zeri, Jean Paul Getty avait cependant confié la direction de sa villa à un autre de ses amis et la collection qu'il avait largement contribué à constituer lui échappa. Il en garda une rancune tenace, qui s'illustra au moment de l'affaire du *Kouros*, concernant un marbre grec acquis par la fondation que Getty avait créée et que Zeri a toujours proclamé faux. À la fin de sa vie, il fut l'invité de Sydney Freedberg, un élève de Berenson, à l'université Harvard où, après une carrière en marge des institutions les plus respectées, il reçut enfin les honneurs qui lui revenaient.

Malgré ses jérémiades, Zeri a mené une existence à l'abri des soucis matériels. La vie d'aucun des trois œils n'a été absolument fastueuse, mais tous trois ont connu les charmes de l'opulence : importantes rémunérations, avantages personnels… Grâce aux velléités sociales du comte Cini, à la mégalomanie de Getty, Zeri a somme toute atteint une certaine aisance. Par-delà cet aspect vénal, les marchands et les collectionneurs lui ont permis de voir énormément d'œuvres nouvelles, par conséquent de faire des découvertes. Il aimait les petits maîtres et avait le don de former des groupes. Le plaisir que lui procurait le fait de donner des attributions à des artistes que personne ne connaissait était jubilatoire. Ces résultats étaient toujours présentés, plutôt que dans la forme consacrée de la biographie, chère à Roberto Longhi, dans des publications très claires, lisibles, mais extrêmement érudites. Il réussit notamment à former un groupe formidable de peintres mineurs du XVIe siècle très bizarres, qu'il appelait les « excentriques florentins ». La série d'interventions qu'il leur a consacrées dans le *Bollettino d'arte* (revue d'histoire de l'art financée par le ministère de la Culture italien) compte parmi les gestes d'histoire de l'art auxquels je suis le plus attaché. D'autres articles ont été publiés dans sa revue, *Antologia di Belli Arti*, fondée avec son ami Alvar González Palacios, puis, le temps venu, réunis en volume. L'un de ses ouvrages les plus célèbres, intitulé *Diari di lavoro (Journaux de travail)*, contient ses articles successifs de *connoisseurship* publiés en 1976. Le livre s'ouvre par ces mots : « Au moment du déclin du *connoisseurship* (tellement fort dans le milieu universitaire), il n'est pas inutile de reproposer la validité du vieil attributionnisme. » Comme Morelli le fit en son temps pour la Galleria Borghese, Zeri s'illustra aussi en rédigeant des catalogues de collections formées par des princes romains, comme ceux de la Galleria Spada ou de la Galleria Pallavicini, ou de musées américains, comme pour le département des peintures italiennes du Metropolitan Museum of Art de New York ou pour la collection de la Walter Art Gallery de Baltimore. Clin d'œil de l'histoire, d'ailleurs, Zeri fit le catalogue de la collection Morelli conservée à Bergame. C'est une activité à laquelle Berenson comme Longhi se sont beaucoup moins attachés, même s'il arrivait au premier de se mettre au service de ses collectionneurs pour ce genre d'exercice.

Zeri s'est tourné vers le monde anglo-saxon, certainement parce que Longhi ne le considérait pas comme un élève digne de faire partie de sa succession. Cela détermine deux personnalités publiques bien différentes. Longhi a un rapport avec son pays, sa terre, il se veut historien d'art italien. Zeri, lui, occupe une position en rupture par rapport à l'Italie, parce qu'il n'a pas été reconnu par ses pairs. Si l'un jouit du prestige de grand intellectuel aux prises avec son temps, l'autre a le charme d'un personnage public aimant à faire rire, sachant raconter les choses les plus piquantes, dire les plus grandes horreurs et fréquenter avec légèreté les plateaux de télévision. Au moment de l'engagement de Berlusconi en politique, il s'est fait plus acerbement polémique, inquiet pour le sort de l'Italie. Malgré cette facette médiatique qu'il est le seul des œils à avoir endossée, dans quelque collection publique ou privée que ce soit, il n'était pas seulement reçu comme un grand personnage, mais aussi comme l'immense œil qu'il était. Il est peut-être le dernier représentant de cette lignée de personnages capables de se repérer sans aucun flottement à travers l'histoire de l'art, des origines au dernier siècle du millénaire passé. À sa mort, sa collection, sa maison, sa bibliothèque ont été léguées à l'université de Bologne, seule institution à lui avoir reconnu un titre universitaire de professeur honoraire. C'était le genre de personnage qu'on aurait aimé étreindre mais qui aurait détesté ça, le genre de personnage qu'on est ravi d'avoir rencontré une fois dans sa vie.

De Morelli à Zeri, les œils ont eu une histoire mouvementée, sans être jamais à l'abri de compromissions politiques puis mercantiles, certains plus sulfureux que d'autres, chacun marquant l'histoire de la discipline de son empreinte. C'est à eux et à leur héritage que tout nouvel œil a affaire. Malgré le poids de New York sur le marché de l'art, il est surprenant de constater qu'il n'existe, sur le sol américain, aucune véritable école de *connoisseurship*, ce mot bien anglais par lequel on désigne la science de l'attribution. Pourtant, une branche éphémère de la discipline s'y est développée avant de disparaître. Elle compte encore quelques héritiers. Contemporain de Federico Zeri, Sydney Freedberg (1914-1997) a soutenu une thèse devant Berenson, en 1940, sur le Parmigianino, puis, de retour d'Italie, a obtenu la chaire d'histoire de l'art de l'université Harvard. Berenson, dit-on souvent, ne transmettait rien, il jouissait de ses dons de manière égoïste. Cela est vrai, mais cela souffre des exceptions. En l'occurrence, Freedberg – un homme d'une prestance et d'une élégance rares inhérentes à cette ancienne génération de professeurs des grandes universités américaines – est devenu avec son aide un très grand spécialiste du XVIe siècle florentin. Son grand ouvrage, *Painting of the High Renaissance in Rome and Florence*, développe une vision puissante de l'art italien, un système d'une grande intelligence. Freedberg a fondé ensuite, à Harvard même, avec plusieurs de ses élèves, une école d'histoire de l'art basée sur le *connoisseurship* et l'attribution. Pour l'étude des artistes du début du XVIe, il avait confié à ses élèves une série de monographies, où ils ont tous révélé leurs qualités d'œils. Ces grands spécialistes, tous très bons dans leur domaine, se sont limités à l'étude de leurs artistes, et n'ont jamais vu au-delà de leur domaine de spécialité. Est-ce une déformation caractéristique de la connaissance anglo-saxonne ? Quoi qu'il en soit, elle est éloignée de celle des Berenson, Longhi et autres Zeri ; on comprend que le *connoisseurship*, dans ces conditions, n'ait pas perduré longtemps en Nouvelle-Angleterre. Déjà, I Tatti ne forme plus de connaisseurs. La tradition s'est perdue, et seuls quelques œils expérimentés sont encore actifs en Angleterre et aux États-Unis, dans les musées pour la plupart.

5.

Recours à la méthode

Les historiens d'art classiques rejettent les œils ; ils considèrent leur travail comme peu intellectuel, peu savant, passant non par la réflexion mais par les sens. Ce faisant ils ignorent tout ce qu'il y a de rigoureux et de scientifique dans notre travail. Si un avis peut être obtenu au cours de quelques secondes, durant nos années de formation, nous avons développé des mécanismes fondés sur le jugement et la catégorisation, qui permettent à notre œil de reconnaître aussi vite. Ces processus fascinent les scientifiques actuels, comme Jean-Pierre Changeux, neurobiologiste et amateur d'art, qui a enseigné plusieurs années au Collège de France sur les rapports de l'art et du cerveau. Pourtant, il n'a pas fallu attendre l'époque contemporaine pour qu'on commence à se poser ces questions. Et une solution proposée par un homme du XVIe siècle, Giulio Camillo « Delminio » (1480-1544), un humaniste originaire de Frioul, me guide quand j'essaie d'imaginer ce qui peut se passer dans ces instruments d'attribution que sont l'œil et le cerveau. Cet intellectuel de l'époque de Vasari, proche des cercles matérialistes vénitiens, de Lorenzo Lotto, de l'Arétin, avait réussi à s'attirer le soutien de François Ier pour un projet de recherche qui aurait pu paraître fou à toute autre personne. Giulio Camillo pensait possible de construire pour le roi de France un grand amphithéâtre qui aurait mis en évidence le fonctionnement de l'esprit humain. Un peu comme si, aujourd'hui, Harvard ou Stanford donnaient une bourse à un chercheur dont l'ambition serait de produire un modèle mécanique du cerveau. Celui-ci devait être, selon les mots de Delminio, une « âme construite ». Il conçut l'idée d'une gigantesque boîte de bois, au centre de laquelle se trouverait le spectateur. Entre le centre de la boîte et les parois se seraient trouvés des gradins de théâtre divisés en sept colonnes, parcourus par sept rangées horizontales, regroupant des mots et des images correspondant à l'ensemble des pensées que peut concevoir l'esprit. Au lieu d'être donnée sous forme de phrase, une idée serait produite par l'assemblage des vignettes classées dans le théâtre sous forme d'images. Au bas de ces vignettes figuraient des mots latins qui permettaient de composer la locution complète traduisant cette idée. Rhéteur, grand lecteur de Cicéron, Delminio voulait donner des outils à François Ier pour penser par la vue, et non plus par les mots. Il lui faisait aussi miroiter la possibilité de s'exprimer sans effort en latin, la langue des humanistes qu'il ne maîtrisait pas. Dans le cadre de la redécouverte du savoir qui caractérise la Renaissance, c'était toutes les pensées humaines qu'on aurait pu formuler. Giulio Camillo était un personnage sulfureux, quelque peu faustien, qu'on accusa de charlatanisme. Il ne reste pas de traces de la construction de son théâtre, même s'il y travailla les quinze dernières années de sa vie, jusqu'en 1544, et qu'un proche d'Érasme, dans une lettre adressée à son maître, en fit une brève description. Dans ces conditions il n'y a rien d'étonnant à ce qu'un tel personnage ait réussi à obtenir le soutien de François Ier, qui cherchait à s'attacher les figures les plus originales de son temps. Quelques jours avant de disparaître, Delminio dicta à un élève un opuscule, intitulé *L'Idea del teatro*, et c'est comme cela que nous connaissons les principes de sa machine. Ce texte a été redécouvert il y a peu de temps, et a attiré l'attention des chercheurs en sciences cognitives, qui y trouvent beaucoup d'inspiration et de parallèles avec leurs propres théories de l'organisation de l'esprit.

Aussi folle que cette idée puisse paraître, quand j'en ai appris l'existence, elle m'a immédiatement fait penser au fonctionnement de l'esprit de l'historien d'art qui se sert de son œil, et je me suis toujours expliqué mon activité par là depuis ce jour. Le réservoir d'images de l'historien d'art, lui, se trouve dans sa tête. Notre cerveau organise méthodiquement le classement de tous nos souvenirs de tableaux, il les range par siècles, par écoles, par artistes, par phases du style d'un artiste, et les photothèques, composante essentielle de toute bibliothèque d'histoire de l'art, reflètent ce travail. Les photothèques sont en quelque sorte le théâtre de la mémoire que les historiens d'art ont construit à leur insu avec le temps. Alors que je me formais, la fréquentation des photothèques était un moyen unique d'accéder à la méthode de l'attribution.

Il y en avait différents types, parmi lesquels il fallait distinguer les photothèques collectives et individuelles. Suite aux campagnes de photographie de la deuxième moitié du XIXe siècle, les œils ont cessé de travailler à partir de carnets et de croquis, comme Morelli, Crowe et Cavalcaselle. Ils pouvaient rassembler des clichés de toutes les œuvres qu'ils avaient vues et les classer par groupes. Ainsi, alors que les carnets étaient des brouillons au seul usage des œils qui les produisaient, et ne se mettaient à parler qu'une fois transposés dans une monographie ou un catalogue, les photothèques, en revanche, pouvaient exprimer immédiatement une pensée, une vision. Les photothèques de Berenson, de Longhi et de Zeri permettent de comprendre leur personnalité. Celle du premier ne proposait pas ou peu de photographies d'œuvres postérieures à 1550, tandis que celle de Longhi était particulièrement riche en reproductions de tableaux du XVIIe siècle, et Zeri avait rassemblé dans la sienne les images d'artistes mineurs qu'il appréciait particulièrement. Tout en étant sélectives, elles se voulaient universelles, elles rendaient compte d'une interprétation unique et extrêmement intelligente de l'art italien, du *Trecento* au *Settecento*. Parallèlement à la naissance de ces photothèques individuelles, se sont formées de vastes institutions, qui expriment la vision d'une communauté scientifique. Les Allemands furent les premiers à mettre en place ce type d'instituts. Établis sur la base d'un projet à caractère encyclopédique, ils reflètent moins que les autres une vision construite et personnelle. Ils sont le produit des avis croisés d'une communauté de chercheurs, utiles avant tout comme source de renseignements quasi inépuisable. Le premier d'entre eux, le Kunsthistorisches Institut in Florenz, est un outil de référence exceptionnel pour la peinture du nord et du centre de l'Italie. On y retrouve toutes les fresques, tous les retables. Il fut fondé en 1897 par des universitaires allemands, autour desquels gravitaient Max Jakob Friedländer (1867-1958) ou Aby Warburg (1866-1929). Quelques années plus tard, à Rome, l'autre grand centre d'histoire de l'art, la Bibliotheca Hertziana (1913), fut fondé grâce au legs d'une mécène, Henriette Hertz (1846-1913), au Kaiser Guillaume II. Ces deux institutions, aujourd'hui rattachées à une immense structure scientifique, le Max-Planck Institut, qui a son siège à Berlin, recueillent les avis des visiteurs, qui les inscrivent sur les montages des photos, puis un comité directeur décide de classer les clichés en fonction des propositions qui lui semblent les plus vraisemblables. Cela permet la gestion d'une masse d'informations titanesque. La photothèque du Kunsthistorisches Institut in Florenz contient plus de 610 000 clichés, tandis que celles de Zeri ou de Berenson, qui sont parmi les plus grandes photothèques privées jamais constituées, en comptent des dizaines de milliers. Les Anglo-Saxons n'ont pas tardé à inscrire leurs pas dans la même voie. Ils disposent de monumentaux centres de recherche, comme la Frick Art Reference Library de New York, fondée en 1920, où un passage est impératif chaque fois qu'on veut étudier les œuvres passées sur le marché de l'art ou répertoriées dans des collections privées américaines. La FARL contient plus d'un million d'images. Mais le plus grand de tous se trouve à Londres. Le célèbre Courtauld Institute, ce grand bâtiment typiquement victorien, dont on traverse les deux longues cours en enfilade pour rallier à pied, à l'ombre de majestueuses colonnes doriques, le Strand depuis la Tamise, abrite aussi la Witt Library, incontournable photothèque de plus de deux millions de clichés. À l'instar de son homologue new-yorkaise, cette photothèque est très utile aux historiens d'art formés en France et en Italie pour découvrir de nouveaux tableaux, notamment les nombreuses œuvres de maîtres encore conservées dans les propriétés anglaises.

L'évolution du métier d'œil fait des grandes photothèques individuelles une chose du passé. Depuis plusieurs années déjà, l'appréhension de l'histoire de l'art dans son ensemble est laissée aux institutions, qui investissent davantage mais qui pensent moins. Les individus se sont mis à constituer des photothèques beaucoup plus limitées, liées à leurs champs de spécialité, à leurs articles de *connoisseurship*, censées permettre de répondre aux sollicitations personnelles. Dans un tel contexte, la préservation des grandes photothèques individuelles d'I Tatti, de Mentana, de la villa Longhi, est d'autant plus essentielle. Elles seules apprennent ce que doit être le regard d'un historien d'art. Dans ma génération, c'était là-bas que l'œil acquérait sa méthode. Tout au long des visites de musées, des rapports avec les marchands, on récupérait des photographies des tableaux que l'on voyait, puis on se rendait dans les photothèques de Longhi ou de Berenson, pour confronter nos propres intuitions avec les leurs. Nous nous y rendions aussi, à plusieurs spécialistes du même domaine, pour jouer, assembler, désassembler des groupes de clichés. Chacun ayant sa vision, quoique toutes les photos soient les mêmes, nous ne les assemblions pas de la même manière. Nous nous sommes beaucoup adonnés à ce jeu-là, Carlo Falciani et moi, à l'époque où nous partagions notre bureau à I Tatti. Cela explique que nous ayons, aujourd'hui, une vision en commun, que nous puissions tomber d'accord sur le *Christ* de Bronzino.

J'ai dit que les photothèques sont une sorte de réalisation du grand théâtre imaginé par Giulio Camillo. Je pourrais dire aussi, pour changer de métaphore, qu'elles nous permettent de nous représenter notre mémoire comme un meuble. On range les images semblables dans des tiroirs qui reflètent les catégories de notre esprit. Ce qu'il y a de remarquable, ici, c'est que rien, *a priori*, ne nous permettrait de supposer que des notions historiques comme celles d'artiste, d'école ou de phases d'un style devraient forcément correspondre à quelque chose de visible. Et pourtant, c'est le cas. C'est bien parce qu'une école, un artiste, la période de la vie d'un artiste laissent une marque sur les images que nous pouvons les classer.

Morelli et Cavalcaselle, en leur temps, faisaient jouer aux croquis le rôle des photographies. Ceux-ci leur permettaient de réactiver l'image mentale des tableaux qu'ils avaient vus. Cependant, leur façon de croquer les œuvres n'était pas neutre, elle impliquait déjà un regard, la sélection d'un certain nombre de leurs éléments déterminants. La constitution du corpus, le jeu avec les images, en passant sur le support de la photographie, est un héritage qui s'est transformé et enrichi entre les mains de Berenson et de Longhi. Comme la photo est tout à fait neutre, la vision ne se dégage qu'au moment où on se met à jouer avec les clichés. La célèbre photographie montrant André Malraux, chez lui, en 1954, avec le sol entièrement tapissé d'un nombre considérable de photographies, afin d'illustrer sa pensée, en témoigne. C'est grâce à la mise en série des photographies qu'on finit par voir ce que l'on voit. On ne peut appliquer cette méthode rigoureusement que si l'on a pris soin de voir au préalable un certain nombre d'œuvres directement. La photographie nous rappelle alors des critères qui ne sont visibles que sur l'œuvre vive, comme le pinceau, sur lequel nous allons revenir. Prendre connaissance d'une œuvre par la photographie n'a rien de commun avec le fait de se rappeler, grâce à elle, des œuvres vues directement. Comme le classement s'opère au niveau du souvenir, il n'est pas gênant, et même préférable, que les clichés soient en noir et blanc. Les couleurs disent des choses sur les peintures, mais elles sont aussi ce qu'il y a de plus infidèle. Autant rechercher soi-même, dans sa mémoire, une information supplémentaire, qu'être induit en erreur par une image trompeuse. En somme, l'œil, quand il a recours à la photothèque, utilise une méthode d'identification à trois couches. Il faut avoir vu les œuvres, dans les églises ou dans les musées, pour pouvoir ensuite se les rappeler à l'aide des photographies, et enfin les classer, dans les compartiments de la photothèque. Ces jeux de mémoire constituent aujourd'hui encore le passe-temps favori des élèves de la villa Longhi. Mais, malheureusement, on voit de moins en moins souvent les grands historiens d'art accueillir, comme le faisait Federico Zeri, leurs étudiants avec des biscuits et du thé, certes, mais aussi la boîte de photographies.

L'entrée des grandes photothèques dans le patrimoine a provoqué un curieux changement. Elles sont devenues plus accessibles que par le passé, on peut les visiter, celle de Zeri à l'université de Bologne, celles de Longhi et de Berenson dans leurs villas, mais, en même temps, le jeu avec les clichés est devenu moins aisé. Pour ces grands œils, les photographies étaient simplement des outils de travail, et ils y recouraient sans se soucier de l'usure, tandis que dans nos mains elles sont aussi des documents, des pièces d'archive. On y accède désormais rarement directement, ces institutions préférant délivrer des jeux de photocopies qui s'abîment très vite, ou des microfilms, utiles pour un aperçu, mais peu propices aux remaniements. C'est ainsi qu'on peut se retrouver avec des photographies floues, courant le risque de finir comme Gianni Papi, qui n'a rien vu au *Christ* de Nice. La dernière évolution en ce sens a eu lieu au moment de la mise en ligne de la photothèque Zeri. On peut la consulter depuis chez soi, mais il faut prendre garde au charme insidieux de ce type de consultations. Elles sont très commodes pour aller chercher un nouveau tableau, ou pour comparer la photographie de Zeri avec d'autres dont nous pouvons disposer, mais il est hors de question de se baser sur elles pour tirer des caractéristiques du style de l'artiste, faire avec l'ordinateur ce qu'on fait sur les tables des photothèques.

Nous nous trouvons actuellement dans une période de transition. Les œils de ma génération sont les derniers à avoir constitué des photothèques classiques, interrompues par le changement technologique. Ils pourront les léguer à la postérité, mais elles seront incomplètes, ce qui veut dire aussi que leur regard ne sera pas conservé de manière aussi immédiate que celui de leurs prédécesseurs. À quoi ressemblera le métier des œils de demain ? Il est difficile de le dire. En profondeur, Morelli et Cavalcaselle travaillaient de la même manière que Berenson, Longhi et Zeri, alors même que les gestes quotidiens de l'œil étaient profondément transformés par les évolutions de la technologie. Dans cette nouvelle période de transition, il faut veiller à ce que les apports de la technologie soient bien digérés. Peu importe, au fond, le milieu dans lequel ils se trouveront, les œils de demain sauront s'acquitter de leur tâche s'ils se donnent la peine d'aller voir les œuvres. Ce qui peut rendre optimiste, c'est de constater que les jeunes historiens d'art continuent à s'identifier à cette vocation, et qu'à vingt ans à peine, certains se voient déjà décerner par leurs camarades la fonction d'« attributionnistes ». Par ailleurs, la pratique longhienne du jeu d'attribution se perpétue dans les universités italiennes : aux étudiants d'adapter cette vieille tradition aux nouveaux supports technologiques...

Le rôle que les groupes de photographies jouent dans l'attribution montre que c'est un acte profondément intellectuel. On a tendance à le rapprocher facilement du jugement de goût alors qu'en fait, l'œil dépasse sans cesse le goût. La meilleure preuve en est qu'il trouve son plaisir propre chez de petits maîtres privés d'esthétique. Passé l'étape préliminaire de la reconnaissance d'une forme, l'œil doit se confronter à nouveau à la matière du tableau pour vérifier ses hypothèses. Il doit néanmoins se méfier des jugements à l'emporte-pièce dans ce domaine. Quand l'historien d'art canadien David Franklin, dans sa monographie sur Rosso Fiorentino, établit par exemple que la technique des pinceaux parallèles est le trait caractéristique du peintre, il se trompe. Cela pourrait être pris comme une preuve d'absence d'œil parce que, en fait, les pinceaux parallèles ne sont pas systématiques chez Rosso, et qu'on peut les retrouver aussi dans certains tableaux de Pontormo. Il y a bien des paramètres techniques qui définissent un artiste, c'est même le principe du morellisme, pierre angulaire de notre travail, mais un seul élément suffit rarement à constituer une preuve. Plus il y a de ces critères dans l'œuvre, plus il y a de chances de confirmer une intuition et, cette procédure n'étant pas mécanique, elle peut parfois apporter des surprises, comme dans le cas du *Christ* de Bronzino. Quand nous l'avons découvert, notre regard a été attiré par les pieds. Nous y avons reconnu la main de Bronzino mais c'est ensuite à l'ensemble du tableau qu'il nous fallait nous rapporter pour comprendre l'époque, l'école, et aborder la technique proprement dite, la nature du pinceau, les dessins sous-jacents. Avec le temps, pour chaque artiste, l'œil a une grille de critères de plus en plus étendue. Cette grille résulte du désir de reconnaître le tableau, d'un long exercice dans ce but. C'est là que la notion morellienne de détail entre en jeu. Elle est critiquée parce que mal interprétée. Un artiste, la substance de son œuvre, ne se réduit pas à une manière de faire des oreilles. Mais si on cherche des précisions on y vient. On cherche des yeux, des cheveux, des ongles, un coup de pinceau. On applique successivement les critères et plus il y a de critères correspondant à notre attente, plus la reconnaissance est certaine. L'absence d'un certain nombre de ces critères peut laisser penser que notre première idée n'était pas la bonne. Le plus souvent, il arrive alors soit que la qualité s'avère, après examen, insuffisante pour justifier l'attribution, soit qu'on reconnaisse finalement dans le tableau une tout autre main, voire une tout autre école que celle qui était escomptée. Dans ce dernier cas, il peut arriver d'être incompétent par manque de connaissances. Alors, nous envoyons l'œuvre aux collègues susceptibles d'être intéressés. Il peut aussi arriver qu'on se persuade, malgré les difficultés, qu'on a tout de même raison, et quelqu'un de plus avisé peut alors survenir et déjouer le pronostic.

Les grands maîtres de la peinture ont un « pinceau » reconnaissable. On parle du pinceau d'un peintre pour désigner un élément de sa technique qui permet l'attribution. C'est un élément non formalisable, que seul l'œil est en mesure de repérer. Les microphotographies peuvent y rendre sensible, mais rien ne remplace la vision directe de la toile. Cela ne veut pas dire que le pinceau soit invisible pour le spectateur ordinaire, seulement, l'œil est une des rares personnes à s'en souvenir et à le retrouver. Au cours de journées comme celles de 1984, avec Mina Gregori, à la Galleria di Capodimonte à Naples, n'importe qui aurait pu voir le pinceau du Caravage. Sa lampe torche rouge soulignait tout ce qui le caractérise et l'isole de celui des autres caravagesques. Grâce à ses explications, tout le monde pouvait le voir, mais les œils, seuls, ont été capables de le revoir. Il y a des pinceaux avec lesquels nous avons des affinités et d'autres moins. Je ne m'arrête pas particulièrement sur celui des peintres de natures mortes. Quand je suis avec un spécialiste qui me le fait voir, je remarque. Mais, si je ne cherche pas à m'en imprégner, quand je me retrouve devant une autre nature morte, je fais face au même vide. Je perçois des différences entre les natures mortes françaises, hollandaises ou espagnoles, mais j'identifie rarement le pinceau d'un artiste spécifique. L'un des éléments qui me poussent à attribuer, par exemple, à Pontormo, c'est que je comprends ses coups de pinceau, rapides et souples, en particulier ceux qu'il donne autour des yeux, à la différence de ceux de son élève Bronzino, que je comprends aussi, mais qui sont extrêmement minutieux. Celui de Pontormo est visible à l'œil nu, de loin. Pour Bronzino, il faut se coller à l'œuvre, et recourir à la loupe. Bronzino est presque un peintre miniaturiste, malgré la dimension de ses tableaux. Le pinceau, qui porte en quelque sorte l'empreinte digitale du peintre, ne peut pas vraiment être formalisé. Il faut bien sûr se garder des généralités, savoir apprécier chaque œuvre comme un cas singulier. Un spécialiste incontournable d'un artiste le devient parce qu'il est entré dans sa personnalité : il le vit, et il voit donc au-delà de ces détails.

À cause de cette complexité, les apports de la science jusqu'à présent ont été précieux mais jamais tout à fait décisifs. La science propose certaines lumières mais ne remplace pas l'œil. On n'a pas besoin d'elle, par exemple, pour voir si un tableau est en mauvais état ou restauré. On peut avoir recours aux infrarouges pour distinguer les repeints, mais les analyses ne font qu'entériner ce que l'œil de l'historien d'art a déjà vu. Elles sont utiles, en revanche, pour lui permettre de déterminer le degré d'intervention qui conviendra lors de la restauration. Chez les Anglo-Saxons, certains conservateurs de musée pensent que le laboratoire va compenser leur absence d'œil, et leur apporter des attributions. Mais ces analyses scientifiques leur apprennent la plupart du temps des banalités, dont ils ont tendance à faire grand cas. L'analyse scientifique se concentre sur certains paramètres qui ne se révèlent pas forcément déterminants. Par exemple, on ne sait pas si Pontormo, ou Bronzino, utilisaient tel bleu plutôt que tel autre. L'analyse des pigments de couleur ne mène à rien de définitif dans ce domaine. Comme on peut toujours avoir des surprises, il faut se méfier des arguments recourant à la science. Il y a, en vérité, un seul cas où la science peut s'avérer utile quand il est question de couleur : le bleu de Prusse. Il s'agit d'un pigment bleu-noir, profond, tirant légèrement sur le vert, qui n'a été inventé qu'au tout début du XVIIIe siècle, à Berlin, par deux alchimistes. On l'obtient à partir d'une solution de chlorure ferrique et de prussiate rouge, ce qui fait de lui l'un des seuls pigments de synthèse existants, les pigments ordinaires étant d'origine végétale ou minérale. Cela permet d'avoir une indication importante sur l'histoire du tableau. Cependant, cela ne suffit pas pour le dater. Une œuvre comportant du bleu de Prusse n'est pas forcément une œuvre postérieure au début du XVIIIe siècle. Dans certains cas, de simples retouches ont pu être effectuées avec ce pigment. Il faut donc savoir interpréter ce résultat scientifique, faute de quoi la découverte ne débouchera sur rien. Pour ce qui est des autres couleurs, ce sont les mêmes depuis des siècles, fabriquées selon des méthodes ancestrales. On a beau donner des noms à certaines d'entre elles, comme le rouge pompéien, cette nuance existait bien avant l'Antiquité romaine, elle était juste dominante à Pompéi, et ainsi dénommée après le début des fouilles sur le site au XVIIIe siècle. Dans les ateliers, les techniques de préparation des couleurs, tâche que l'on confiait aux *garzone* dès leurs premières semaines d'apprentissage, étaient sensiblement les mêmes d'un artiste à l'autre, aussi leur étude permet-elle d'obtenir peu de précisions.

L'apport le plus intéressant de la science, à mon sens, est la réflectographie infrarouge, qui permet de mettre en évidence la vie de l'œuvre, les repentirs, les changements de composition, toutes les hésitations de l'artiste. Apparaissent ainsi des figures inconnues, des fonds totalement différents, impossibles à deviner à l'œil nu. Mais ce qui compte le plus pour l'attribution, c'est le dessin sous-jacent, qu'on peut confronter aux dessins préparatoires des artistes. Un dessin sous-jacent mis en évidence par la caméra infrarouge permet de confirmer l'attribution, et c'est un phénomène particulièrement important pour les peintres florentins, qui dessinaient énormément.

Il n'existe pas, dans le domaine de la peinture, de méthode de datation irréfutable. À titre d'exemple, dans un autre domaine, la thermoluminescence permet de situer le modelage d'une terre cuite au siècle près. Elle permet de distinguer une pièce antique d'une pièce du XVIIIe ou du XIXe de manière indubitable. Mais, lorsqu'il faut distinguer un siècle, sa précision est insatisfaisante. Faut-il savoir si une terre cuite a été façonnée au XVe ou au XVIe siècle, c'est toujours le spécialiste qui tranche. Malgré cela, nous ne sommes pas dans la situation de la sculpture, qui a affaire, avec la pierre ou le bronze, à des matériaux indatables par essence. Les supports de la peinture donnent quelques informations sur son origine. Les Nordiques avaient tendance à utiliser le bois de chêne, et les Italiens le peuplier. Par ailleurs, la toile n'a fait son apparition que plus tardivement pour la majorité des œuvres. Mais il faut se méfier de ce genre de renseignement. En peinture, pour un œil, et même pour les gens moins versés que lui dans l'attributionnisme, la différence entre les époques de l'art est patente quasi immédiatement. Curieusement, entre le XVIIe et le XIXe, des confusions de style sont parfois possibles, et il faut regarder la toile qui, au XIXe, est d'ordinaire plus fine. Les choses se compliquent parce qu'une toile du XVIIe peut avoir été transposée sur une toile du XIXe. Quand les tableaux s'abîmaient, on les décollait et on les transposait sur une nouvelle toile. Cette technique, drastique, impliquait de chauffer la peinture pour la décoller. Cela la ramollissait, la raplatissait, l'endommageait sans retour. L'œil seul peut découvrir s'il a affaire à un tableau exécuté sur son support d'origine ou si l'œuvre a été rentoilée. Il ne faut donc pas trop se fier aux analyses scientifiques. Elles sont surtout un élément rhétorique de plus dans la présentation des découvertes, et donnent à l'attribution un caractère impersonnel. Dans nos articles, nous exposons une démarche intellectuelle, mais, pour faire passer notre attribution, nous avons avant tout recours à des preuves morelliennes. Quand les gens ne voient pas, il faut leur parler d'une touche de pinceau autour d'un ongle, des veines du bois. Et, plutôt que de recourir à des analyses scientifiques, mieux vaut citer quelques documents. Pour faire comprendre qu'il y a là-dedans quelque chose qui est de l'ordre de l'incommunicable, Carlo Falciani et moi, dans notre article sur le *Christ* de Nice, avons commencé par évoquer un rayon de soleil. Pour rendre les historiens d'art attentifs à ces nuances que nous voyons, nous leur avons suggéré que le soleil, le hasard pouvaient les révéler.

En ce qui concerne les dessins, la connaissance des différentes techniques du dessin permet d'établir non seulement l'époque, mais encore la région, l'école, l'atelier du dessinateur, ainsi que son identité quand il est anonyme. Si le dessin est exécuté sur papier bleu, il y a de fortes chances pour que ce soit un dessin vénitien. Si le mélange de pierre noire et de sanguine y est utilisé, il est sans doute toscan. Même si les automatismes sont toujours dangereux, en règle générale, ce sont des conclusions qu'on peut tirer. En outre, si les dessinateurs se servent de la plume, au XVIe et au XVIIe siècle, il y a de fortes chances pour qu'ils soient sculpteurs. Mais il ne s'agit là que de généralités et l'on trouve souvent des contre-exemples. Par ailleurs, la technique de fabrication du papier évoluant au fil du temps, cela permet de dater assez précisément les feuilles. Du XVIe au XVIIIe, plus on avance dans le temps, plus le papier est fin, alors que celui du XVIe siècle est plus rustique, et qu'il porte encore fortuitement le pli du séchage. Tout ce qui touche au trait, en revanche, est beaucoup moins facile à déterminer. Les dessins ont souvent été repassés, voire refaits. On sent parfois que la spontanéité du premier jet leur manque. Les feuilles des grands maîtres étaient redessinées, en France, par les peintres du roi qui voulaient s'imprégner de leurs traits. Un dessin du XVe siècle a presque systématiquement été retouché, parfois plusieurs fois, aux XVIIe, XVIIIe et XIXe siècles. Cela rend l'attribution beaucoup plus difficile. Seul l'œil peut faire le ménage qui est requis, entre l'original, la copie et la retouche. Puis il y a eu des restaurations. Les feuilles sont parfois fragmentaires, les dessins étaient raccommodés avec de nouvelles feuilles, et si le trait dépasse et s'étend hors de l'original, c'est que le dessin est retouché. Pour les dessins plus anciens, les restaurateurs utilisaient des rehauts de blanc, destinés à faire ressortir, par contraste, les traits sombres, ou à indiquer la lumière. On s'était fait une certaine image des œuvres des dessinateurs. Si le dessin n'y correspondait pas, on le maquillait. Parfois encore, l'œil remarque que certains dessins sont trop frais : ils ont subi une restauration récente et drastique.

On est beaucoup plus conscient aujourd'hui du risque de se tromper à cause des restaurations. C'est un paramètre que les Berenson, Longhi ou Zeri n'évoquaient presque pas dans leurs avis. Au fond, ils étaient parfaitement capables de reconnaître un Pontormo, mais ne se trouvaient pas gênés si on l'avait retouché à la manière de Bronzino. Aujourd'hui, nous savons quelles tendances, quelles normes de goût ont été imposées aux tableaux aux différentes époques. Nous ne pouvons plus remaquiller les œuvres pour leur donner un style qu'elles n'ont pas, comme le faisait par exemple Mario Modestini, restaurateur des tableaux de la collection Kress. On ne peut pas non plus, autre fantasme, vouloir restituer l'éclat qu'elles ont perdu, ou nier les accidents de leur histoire. L'un des exemples les plus emblématiques de ces errements nous est fourni par le triste sort d'un tableau de Fra Bartolomeo représentant une *Pietà*, à laquelle, comme bon nombre des visiteurs du palais Pitti à Florence, j'étais particulièrement attaché. Les œuvres de ce peintre du classicisme florentin du XVIe siècle, contemporain de Raphaël, étaient très recherchées au XVIIe siècle par les riches notables de la cité des bords de l'Arno, afin de les exposer dans leur galerie, leur faisant parfois subir certaines modifications, pour les adapter aux canons esthétiques de ces espaces d'exposition. La *Pietà* de Fra Bartolomeo qui trônait dans la galerie des Grands-Ducs de Toscane avait été retirée, pour sa part, de l'église de San Jacopo tra i Fossi. Elle avait été coupée dans sa partie supérieure et mise sur un fond noir. Les conservateurs du Pitti, en 1988, ont décidé de tirer parti des ressources scientifiques pour exhumer les pigments originaux, et optèrent pour la restitution du paysage original et de celle de deux figures de saints qui, du fait du changement de format, se retrouvèrent sans tête. Or le tableau de galerie dont ils disposaient était splendide ! Ils n'ont pas poussé le vice jusqu'à vouloir lui rendre la partie dont il était dépourvu, mais le résultat a été déplorable. Ils ont un tableau extrêmement usé, et en plus coupé. Cette œuvre magnifique a été détruite parce qu'on a décidé de passer outre aux incertitudes et d'ignorer le passage du temps sur le tableau, sans avoir aucune raison valable de le faire, par simple esprit de fidélité scientifique... Cette œuvre, à aucun moment, n'avait été défigurée dans son style. Le fond noir était simplement le signe de son passage de la fonction de retable dans une église à celle de tableau dans la galerie grand-ducale. De la même manière, dans les collections correspondant au goût classique du XVIIe siècle, on a remis les tondos au carré ou agrandi les formats. Cela n'a rien de tragique, il faut comprendre que, sur un tableau, le passage du temps n'est pas quelque chose de scandaleux, mais quelque chose qui fait partie de sa vie. La suppression du fond noir de la *Pietà* revenait à nier sans motif l'histoire d'une œuvre admirée par tous les voyageurs des XVIIIe, XIXe et XXe siècles. Sa renommée lui avait même valu d'être réquisitionnée par les armées de Napoléon et exposée sous l'Empire sur les cimaises du Louvre.

Pour certaines contingences liées au marché de l'art, par manque de culture et de formation peut-être, les écoles de restauration anglo-saxonnes ont développé l'art de rendre clinquantes des œuvres vieilles de plusieurs siècles. Cette logique les réduit à néant. Je me souviens du *Portrait de doge* de Giovanni Bellini, conservé à la National Gallery de Londres. Dans les années 70, il m'avait bouleversé. Quand je l'ai revu au début des années 90, c'était devenu une simple image, il avait perdu toute sa profondeur : il avait été restauré. Il y a quelque chose de fou à prétendre qu'on rendra aux œuvres leur lustre originel en attaquant dans le vif la couche de peinture. La suppression des glacis d'origine avait enlevé tout le mystère créé par l'artiste, et le tableau semblait aussi plat qu'une image qui s'affiche sur un écran grâce à Internet. Sans entrer dans le débat qui voit s'affronter les écoles nordique et méridionale de restauration, aujourd'hui, les restaurateurs anglo-saxons se retrouvent prisonniers des attentes du marché de l'art. En effet, les collectionneurs nord-américains cherchent vainement à acquérir des œuvres de maîtres anciens comme s'ils les avaient peintes hier, faute d'éducation.

Nous devons aux mêmes individus, à leur besoin de possession et à leur naïveté, le développement de l'industrie des faux. Or, s'il y a une méthode pour reconnaître un vrai, il y a aussi des signes auxquels on décèle les faux. Nous en revenons à cette idée que l'appréhension d'un tableau est l'appréhension d'un tout. Quand des individus, aujourd'hui, veulent faire irruption sur le marché de l'art avec un faux, ils ont toujours à leur disposition une batterie d'expertises scientifiques et aucune d'entre elles ne contredit leur attribution. Ce qui permet à l'œil de les détecter est une impression beaucoup plus diffuse, presque physique. Chaque fois que j'ai été confronté à des faux, je l'ai compris directement. Un jour, dans un sombre appartement du faubourg Saint-Honoré, un marchand-collectionneur étranger actif à Paris m'a demandé d'authentifier, devant deux acheteurs potentiels, un portrait du XVIe siècle qui était manifestement faux ! Le marchand le présentait comme la version achevée d'un superbe dessin de Pontormo conservé à la Galerie des Offices, représentant un homme au turban exécuté à la pierre noire. Le dessin est d'une qualité telle qu'on pourrait penser que cette feuille a servi de dernière étude préparatoire à un tableau perdu. La sensation que l'œuvre peinte provoquait en moi était extrêmement désagréable. Les chairs étaient d'une froideur impersonnelle, le réseau de craquelures du vernis trop systématique pour être d'origine.

Un faux laisse toujours une impression désagréable, une sensation de *discomfort*, comme diraient les Anglais. Cela se passe au simple niveau de la couche picturale, non à celui du support, parce que les faussaires recourent à des matériaux anciens, parfaitement conformes à l'époque où ils veulent situer leur œuvre. Ce qu'ils ne peuvent obtenir qu'artificiellement est le vieillissement de la couche de peinture. Afin de donner l'impression de l'ancienneté à leurs productions, ils les passent dans des fours, et le réseau de craquelures qui se constitue, contrairement à celui qui caractérise les œuvres ayant vraiment subi le passage du temps, est étrangement uniforme. La mise en évidence d'un réseau de craquelures trop systématique succède le plus souvent à l'impression désagréable qui a accompagné le premier regard porté sur le tableau, et vient confirmer le soupçon de falsification. Un autre défaut récurrent des faux touche aux couleurs. Les analyses scientifiques ne le mettraient pas en évidence, ou très rarement. Le faussaire Wolfgang Beltracchi, un restaurateur d'immense talent qui contrefaisait des tableaux des années 30 et des natures mortes hollandaises, allant jusqu'à créer de fausses photos d'époque avec sa femme Hélène, qui posait vêtue devant ses toiles, telle une austère collectionneuse de l'entre-deux-guerres, a été arrêté parce que, pour un seul de ses tableaux, une pénurie de matériel l'a poussé à employer un blanc qui n'était pas d'époque. Pour le reste, si le faussaire fait bien son travail, la composition des pigments est exactement la même que celle des maîtres. Malheureusement pour eux, les nuances sont rarement reproduites avec exactitude. Les couleurs sont plus ou moins chaudes. Je reconnais le faussaire de Pontormo à la texture de ses pigments, froide et laiteuse, que n'a pas le peintre qu'il veut imiter.

Les faux fascinent l'historien d'art. Ils ne mettent pas seulement à contribution l'œil, mais l'enjeu touche aussi jusqu'à la pensée exprimée par le tableau. Federico Zeri était obsédé par cette question, à tel point que, dans ses *Diari di Lavoro*, il a consacré un article à un faussaire devenu artiste, un faussaire dont il a su reconstituer le corpus. Il l'appelait *Il Falsario in Calcinaccio* (« Le faussaire sur plâtre »), à cause de son fond de peinture à base de gypse, qui lui permettait de contrefaire des fragments de fresque du xve siècle, entièrement inventés. Ses productions étaient extrêmement convaincantes, mais, ce qui me fascine chez lui, c'est que ses faux sont faits dans l'esprit imprégné de métaphysique qui caractérise la modernité artistique. On y retrouve la vision qu'avaient les années 20 des artistes siennois du xve siècle. Les faux du *Calcinaccio* sont, en quelque sorte, plus xve siècle que nature. C'est une chose dont on ne se rend pas forcément compte quand on considère une de ses œuvres prise isolément, mais que la reconstitution de son corpus permet de mettre en évidence. Ses inventions et ses compositions représentent par excellence le contenu de l'enseignement des académies des beaux-arts italiennes à cette époque.

L'article que Zeri lui a consacré a véritablement fait date. Il est parti d'une *Madone*, puis a découvert d'autres tableaux incontestablement issus de la même main, à Rome, à Varsovie, à Washington, tous donnés à un peintre siennois du xve siècle. Il a créé son maître, puis a fini par trouver qui c'était. Il s'agissait d'Umberto Giunti, peintre siennois né en 1866, et recruté comme professeur à l'École des beaux-arts de la ville par Federico Icilio Joni, un autre faussaire célébrissime, qui apprit à peindre chez un petit artisan de sa ville et, malgré son activité délictueuse, ne tarda pas à se faire une place dans cette institution respectable. Tout s'éclaire quand on comprend leur situation à la lumière des *Memorie di un pittore di quadri antichi (Mémoires d'un peintre de tableaux anciens)* publiés en 1932 par le même Joni, qui nous renseignent sur ce petit monde de faussaires répondant, du fond de petites villes italiennes, à l'Amérique en quête de rêve péninsulaire.

Pour ma part, je traque ce faussaire auquel je dois déjà un prétendu Salviati et un prétendu Pontormo. On m'a parlé d'un restaurateur extrêmement doué dans l'exécution de copies d'après dessin, sans m'en divulguer l'identité. Je suis convaincu que c'est à lui que je devais ce tableau. Il se sert de dessins pour pasticher des grands peintres. J'attends de voir encore quelques-uns de ses tableaux pour proposer un groupe, et enquêter plus avant sur le personnage. J'ai une certaine admiration pour lui. Je peux comprendre que, quand on sait peindre des répliques parfaites pour le compte du marché américain ou asiatique, on en vienne à sauter le pas et à proposer non plus une copie, mais un produit frauduleux, réalisé avec la claire intention de tromper. Dans le cas des faussaires du début du siècle dernier, les apports scientifiques ont pu confirmer que les tableaux n'étaient pas du XVe siècle, mais nul n'en était besoin, l'œil et notre propre culture nous l'avaient déjà révélé. En plus, ces analyses n'auraient jamais permis de reconstituer un groupe, de comprendre la personnalité du faussaire.

Le savoir-faire de l'œil dépasse donc largement une technique de vérification purement scientifique, et s'accompagne d'une connaissance en profondeur des artistes et de leurs milieux. Il y a des historiens d'art classiques qui considèrent le travail d'attribution comme une perte de temps. À leurs yeux, il s'agirait seulement d'une méthode étrangère à leur dessein : celui de construire une théorie. Mais, ne leur en déplaise, ce savoir est indispensable. S'ils l'ignorent, ils risquent de s'appuyer sur des éléments perturbateurs, qui mettront à mal leur théorie. Le cas du *Faune* mal pourvu par la nature, signé Gauguin mais dû au faussaire anglais Shaun Greenhalgh et acquis par l'Art Institute de Chicago, avait donné lieu à de curieuses interprétations sur les intentions de l'artiste. Dans le sens inverse, chaque vraie découverte peut tout de même servir à l'élaboration de nouvelles théories, ce que nous ne nous privons pas de faire. Aujourd'hui, aborder la carrière de Bronzino sans le *Christ* serait impensable.

Et puis, l'histoire de l'art n'est pas seulement l'affaire des peintres illustres. Chaque école est remplie d'artistes médiocres qui ont fait des tableaux à la chaîne. Les reconnaître pourrait contribuer à démystifier l'activité des grands peintres, mais apporte à la connaissance des pratiques de ces différentes écoles. Les œils sont les seuls historiens d'art à s'intéresser aux maîtres autant qu'à leurs disciples et à leurs ateliers, et c'est ce qui les rend indispensables à une compréhension juste de la peinture.

6.

Parler peinture

Avoir obtenu une bourse de la fondation Longhi est en soi une forme de reconnaissance pour l'œil débutant. Aux yeux des Italiens, la connaissance visuelle est un savoir dont ils sont les seuls à posséder la clé. Avec magnanimité, ils la transmettent à quelques initiés, mais pour eux le reste du monde ne sait pas former l'œil. Cela ne veut pas dire que l'école de Longhi soit absolument fermée. Au contraire, elle cherche à doter ses élèves de relations à travers le monde, et offre à ses hôtes internationaux l'hospitalité légendaire des Italiens. À la sortie je pouvais, moi aussi, étudier et publier comme tous les longhiens.

Les maîtres mots d'un œil qui cherche à se faire reconnaître sont ceux de découverte et de publication. C'est en apportant du nouveau, grâce à son regard et à sa personnalité singulière, qu'il s'attire le respect et qu'il se fait un nom. Mais il faut toujours veiller, ce faisant, à maintenir une ligne de publication cohérente, et à ne pas se compromettre avec le marché de l'art. Même si on a l'impression d'être sûr de soi, enchaîner les articles décousus pourrait laisser penser qu'on cherche moins à générer de la connaissance qu'à susciter la sensation, ce qui est le meilleur moyen de faire des erreurs grossières. Mieux vaut élargir progressivement son domaine de compétence et gagner en autorité au fil du temps. C'est d'autant plus difficile à faire qu'à la différence d'un chercheur ordinaire, l'œil n'est pas seulement reconnu par ses pairs. L'admiration des collectionneurs, des héritiers et des marchands, qu'il parvient à renseigner mieux que quiconque sur des œuvres dont dépendent leur gloire et leur fortune, peut facilement devenir plus enivrante que le respect de la communauté scientifique. Ce milieu, majoritairement intellectuel, considère l'attributionniste comme un oiseau étrange, tandis que les collectionneurs, les héritiers et les marchands, dont le bonheur et le dépit sont suspendus à ses lèvres, ne peuvent se passer de lui. Aussi attirante que puisse être la perspective d'exercer rapidement un tel pouvoir, l'œil doit prendre garde à ne jamais brûler ses ailes. La reconnaissance universitaire, quoique austère, est la garantie de son intégrité. Si tout notre crédit dépendait de la bonne opinion que le marché se fait de nous, nous serions soupçonnés de monnayer nos bons services, à plus forte raison quand nous débutons et que, même de bonne foi, nous avons tout de même de fortes chances de nous tromper. Longhi, Zeri, Mina Gregori peuvent nous fasciner. Mais il ne faut pas commencer par donner notre avis, comme eux, sur des œuvres du XIIIe siècle au XXe siècle. Cela ne nous prémunira pas absolument des erreurs, mais au moins, si nous devons nous tromper, comme cela peut toujours arriver, nous l'aurons fait hors de portée de tout soupçon, à l'intérieur du domaine où nous commençons à être reconnus.

Au cours de mon travail sur les portraits, j'ai découvert plusieurs petits maîtres auxquels je voulais consacrer une série d'articles très précis et ciblés. Un œil véritable se passionne pour des questions de corpus qui intéressent d'abord les spécialistes : cela prouve son amour du métier… Si l'on peut soupçonner l'attribution à un grand artiste d'être intéressée, l'œil ne restitue la liste des œuvres d'un Jacopino del Conte, d'un Jacone ou d'un Giovanni Stradano que par amour de la connaissance.

Quand Letizia Strocchi, dite « Titi », la préposée à nos séances d'attribution de la villa Longhi, avec laquelle j'entretenais une relation riche de complicité, me proposa de collaborer avec elle à l'organisation d'un colloque consacré à Andrea del Sarto, qui devait se tenir l'année du cinquième centenaire de sa naissance, en 1986, j'acceptai volontiers. Le monde de la recherche vit au rythme de ces dates anniversaires. Les colloques sont toujours l'occasion de grands moments de réjouissances, d'échanges entre spécialistes du même domaine, en même temps qu'ils nous permettent de nous faire remarquer par nos communications. Andrea del Sarto, qui fut le grand propagateur de la révolution picturale opérée, à Florence, au tournant du XVe siècle, par Léonard, Raphaël et Michel-Ange, tira les leçons du passage dans la peinture italienne d'une image plate, dont l'expression la plus sublime se trouve dans une œuvre comme *La Naissance de Vénus* de Sandro Botticelli, à une image construite, aussi vraie que nature. Léonard de Vinci inventa l'atmosphère, la vie, il fit coïncider l'image des objets avec leur perception, en les nimbant de subtiles nuances d'ombre, alors que jusque-là les représentations en perspective avaient toujours eu quelque chose d'extérieur, d'artificiel ou de mécanique, et ne parvenaient pas à insuffler la vie aux figures.

Andrea del Sarto s'est approprié cette révolution d'une manière absolument florentine. Devant n'importe laquelle de ses toiles, l'œil reconnaît immédiatement un pinceau florentin. Il y a plusieurs raisons qui l'expliquent. La première, sans aucun doute, c'est le trait, les contours, qui dénotent un dessinateur exceptionnel, marque de fabrique de l'art florentin. La seconde, ce sont les couleurs, qui ont quelque chose d'acide ; les chairs sont crues, les corps sont enveloppés d'une certaine froideur. Ce sublime distant annonce ce qu'il y aura de plus fascinant chez ses successeurs, qu'on appellera les maniéristes, sans que son travail heurte encore le goût classique. Pour un chercheur préoccupé par le XVIe siècle florentin, Andrea del Sarto est donc un point de départ incontournable. C'est dans son atelier que l'école florentine s'est inventée. Ce colloque donna lieu à mon dernier travail en commun avec Anne Fabre, avec qui je présentai les élèves méconnus d'Andrea del Sarto, que nous connaissions bien grâce à notre travail sur les portraits. En nous servant du groupe des « excentriques florentins » exhumés dans les publications de Federico Zeri, nous avons exposé la vision que nous avions des œuvres de Foschi, Jacopino del Conte et Jacone, les trois élèves mineurs les plus intéressants d'Andrea del Sarto, tandis que des historiens d'art plus confirmés dissertaient sur les œuvres célèbres du maître incontesté du classicisme florentin.

Jacone, d'après Vasari, était plus grand amateur de tavernes que d'ateliers. Nombre de ses dessins sont d'ailleurs couverts de taches de vin. Quand il se laissait aller, il lui arrivait de devenir clochard. Un jour que Vasari revenait à Florence par la porte Romaine, à cheval et en grand habit de courtisan, il le trouva avachi contre le mur de la porte, les vêtements débraillés, le regard éméché. Il se mit à lui reprocher ce gâchis. « *Melio vivere a la filosofica qua vetirse di veluto !* » (« Plutôt vivre en philosophe qu'en habits de velours ! »), lui rétorqua malicieusement Jacone… Tout le monde sait que Vasari, s'il était un architecte et un dessinateur indéniable, ne brillait guère en tant qu'artiste peintre. De Jacone, au contraire, on peut blâmer, comme le fit Vasari, les Madones bizarres, les enfants aux postures acrobatiques, aux visages grimaçants. Moi, leur charme m'enchante. De plus, cela ne fait aucun doute, Jacone était aussi un très grand dessinateur. Pier Francesco di Jacopo Foschi, lui, se mit au service de l'atelier de Pontormo à la mort de son maître. Il y côtoya Bronzino, subissant systématiquement l'influence des artistes qui l'entouraient. Ses œuvres, qui devraient être un vrai casse-tête à cause du mélange de tant d'influences, sont pourtant très faciles à reconnaître, grâce, notamment, au modelé des visages, à la forme des mains, aux cassures des draperies… Ah, vertus de la bonne méthode morellienne ! Comparés aux élèves les plus célèbres d'Andrea del Sarto (Jacopo da Pontormo, Rosso Fiorentino, Francesco Salviati), nos peintres avaient presque tous été oubliés, si ce n'est de Zeri… Celui qu'il connaissait le mieux, Jacopino del Conte, avait fait l'objet de plusieurs publications de sa part. C'était un peintre dont l'œuvre avait longtemps été très mal comprise, sans doute parce qu'à la différence de Foschi, elle ne pouvait pas même être rattachée clairement à une école. Originaire d'Italie centrale, il ne cessa de faire le grand écart entre Florence et Rome. Son succès, en son temps, fut tel qu'il eut l'occasion de travailler pour tous les papes entre 1530 et 1598. Vasari en parle comme d'un portraitiste hors pair et précise déjà, en 1568, qu'il exécuta, à partir du règne du pape Paul III Farnèse, les portraits de tous les souverains pontifes, d'un grand nombre d'évêques et de cardinaux, des ambassadeurs et des nobles de passage à la cour pontificale. Il faisait aussi les portraits des membres des grandes familles romaines, des Colonna et des Orsini, ainsi que des lettrés, gentilshommes et femmes de qualité qui résidaient à Rome. Au cours de ces mêmes années, il exécutait des commandes pour les Florentins exilés dans la capitale pontificale, où ils fuyaient le règne catastrophique d'Alexandre de Médicis. Zeri a été le seul à savoir mettre de l'ordre dans un corpus qui était avant lui resté très obscur. Anne et moi avons tenté de compléter ces études en les enrichissant du point de vue du portrait, qui lui avait apporté de son vivant une telle renommée. Nous avons pu ainsi proposer un nouveau groupement de tableaux à lui rattacher et l'image que nous nous faisons de son style en sortit renouvelée.

Le jour du colloque, le salon était plein. La mort récente de la veuve de Roberto Longhi nous avait permis de réinvestir le séjour de la villa pour l'événement, et de nous réinstaller parmi tout le mobilier qu'elle avait jalousement soustrait aux regards de son vivant. Le public, assis comme il le pouvait, écoutait attentivement les conférences. Federico Zeri, séparé du séjour par une porte vitrée, menait une discussion passionnée dans la salle à manger avec un invité. Quand je fus, avec Anne, sur le point d'intervenir, Zeri passa la porte et se posta à l'entrée du salon, debout, les bras croisés, en dépit de sa corpulence et des attaques de goutte qui devaient lui parcourir les jambes. Il est vrai que nous abordions un sujet qu'il connaissait mieux que tout le monde, mais c'était aussi pour lui l'occasion de voir si nous avions compris la leçon qu'il nous avait donnée lors de notre visite à Mentana. À la fin de notre présentation, il vint nous rejoindre et nous donna son accord sur presque tous les points soulevés, sans se priver, toutefois, de nous morigéner à propos d'une Madone conservée au musée des Beaux-Arts de Nancy, que nous pensions pouvoir donner à Jacopino del Conte. Il l'avait eue sous les yeux et l'excluait catégoriquement ; elle correspondait au style de l'artiste mais était d'une exécution trop « molle » pour être de sa main. Il avait raison, certes, mais je cherche encore l'élève obscur qui a bien pu l'exécuter !

Il n'est jamais agréable de se faire reprendre, mais je sais gré à Zeri de l'avoir fait personnellement, et de ne pas s'être contenté de hausser les épaules. C'est souvent la marque d'une gêne, provoquée par l'incohérence des propos. Quand on reçoit des objections, il faut savoir les prendre comme des marques de considération et apprécier les historiens qui se soucient de discuter, car tout vaut mieux que l'indifférence. Il est vrai que nous nous étions laissé prendre par l'élan de la découverte, et que nous n'aurions pas dû donner un avis sur ce tableau sans lui avoir fait subir un examen direct : c'était le défaut de notre jeunesse… Néanmoins, les objections de Zeri étaient un signe important de reconnaissance pour notre travail. La recherche autour des petits maîtres florentins a pris un essor colossal à partir de la fin des années 80, en partie grâce à nous, sans que tout ait encore été accompli. C'est un terrain où de nouveaux talents pourront s'illustrer, s'ils veulent bien s'y aventurer avec précaution.

L'année même de notre communication au colloque Andrea del Sarto, je fis paraître mon troisième article, en faisant le point sur la question des œuvres de jeunesse d'Alessandro Allori, autour desquelles j'avais travaillé à la fondation Longhi, en collaboration avec Simona Lecchini Giovannoni, sympathique professeur de l'université de Florence. C'était ce travail qui m'avait valu d'être traité de fou par Federico Zeri, mais l'article fit date. Un exemple fera comprendre à quel point une mise au point était nécessaire. Un portrait de la Galerie des Offices portant sur le bras du fauteuil l'inscription « À Rome, 1559 », représentait une jeune femme tenant un camé debout, devant un fauteuil orné de figurines dérivées des œuvres de Michel-Ange ; sur la table aux côtés du modèle est posée une réduction de la statue de la *Vie contemplative* sculptée sur l'une des œuvres majeures de l'artiste, le tombeau du pape Jules II ; le tableau était attribué à Bronzino alors même qu'il est parfaitement établi qu'il ne se trouva jamais dans la ville cette année-là. Les sources, en revanche, nous disent qu'Alessandro Allori s'y est rendu, pour peindre précisément les portraits de la famille Montauto – banquier florentin qui gérait à Rome les affaires de Michel-Ange –, en particulier celui d'Ortensia de' Bardi da Montauto… Il n'y avait pas besoin d'un œil particulièrement averti pour parvenir à l'identification du personnage portraituré et à l'identification de son auteur, mais mes prédécesseurs avaient éprouvé un tel besoin de ramener l'inconnu au connu, et la stature de Bronzino avait tellement éclipsé celle de son entourage, qu'ils s'étaient autorisés à ne pas tenir compte de la précieuse inscription… Il est vrai que l'une des choses qui brouillaient le corpus de jeunesse d'Allori était l'incapacité des spécialistes à expliquer le passage de son style de jeunesse, marqué par l'atelier de Bronzino, à celui des œuvres de la fin de sa carrière. Contrairement à un type d'artistes que l'on retrouve à toutes les époques de sa carrière, Allori ne peignit pas les mêmes tableaux toute sa vie, et il s'éloigna rapidement de la manière de son maître. Mon travail, dès lors, consista à mettre en évidence les traits qui distinguaient la production d'Allori, même jeune, de celle de Bronzino. Je montrai ensuite avec quelle perméabilité Allori se rapporta à son milieu. Quand Côme de Médicis, au milieu de son règne, fit venir des Flamands sur les chantiers de rénovation, Allori prit certaines caractéristiques de leur touche, adopta la technique de la peinture sur cuivre, donna à son pinceau un trait beaucoup plus fin. À la fin de sa vie au contraire, influencés par la peinture de l'Italie du Nord et les Vénitiens, ses tableaux prirent un tour flou et sfumatesque qui les apparente à ceux de la génération de peintres qui lui succéda tout à la fin du siècle. Le résultat de ce chantier fut un article exhumant les portraits cités dans les sources contemporaines d'Allori. Certaines des conclusions de cette recherche sont devenues tellement évidentes qu'elles sont présentées par les jeunes chercheurs comme du *common knowledge*. Cela pourrait être frustrant mais en fait, le recours des historiens d'art à mes découvertes, sans même les citer, est le meilleur signe de ma réussite. Une recherche est parfaitement accomplie lorsque ses conclusions sont reprises par tous avec une certitude naturelle.

Au cours de cette longue investigation, je découvris d'autres artistes florentins de la même époque qu'Allori, qui furent le sujet de mes publications suivantes. Il y avait parmi eux Carlo Portelli et Giovanni Stradano, deux peintres du cercle de Vasari, employés à la cour de Côme lors de la rénovation du Palazzo Vecchio, pour les décors. Ce dernier, d'origine flamande, fut l'un des plus brillants collaborateurs de Vasari, et plusieurs de ses tableaux furent donnés à tort à son contemporain Alessandro Allori, ainsi qu'à Pontormo. Il était possible de rectifier ces attributions car, si son patronyme flamand, Stradanus, avait été italianisé, sa peinture, elle, portait la marque de ses origines nordiques. Il me semblait précisément qu'un portrait du petit musée de Vassar College – dans la localité américaine de Poughkeepsie, établissement typique de ces institutions de collèges ou d'universités, nourris de dons et legs d'anciens élèves, situé au milieu des pins et du vent – était attribué à tort à Allori. Le portrait représentait un homme encore jeune, posant debout vêtu de noir, appartenant à la famille Capponi, clan de riches bourgeois courtisans issus du même milieu que les Panciatichi. Le prénom de l'homme, Niccolò, figurait avec la date de sa mort (1579) sur le *Memento Mori*, une horloge posée sur la table à côté de lui. Le portrait avait une indéniable parenté avec la peinture d'Allori. On pouvait comprendre qu'il ait été attribué à cet artiste dont la réputation de portraitiste n'était plus à faire mais, plus je l'étudiais dans le détail, plus m'apparaissait cette façon de marquer les traits des personnages caractéristique des artistes du nord de l'Europe, et qui faisait d'eux aussi des portraitistes particulièrement appréciés. Poursuivant à Princeton, je voulus étudier un tableau des réserves, représentant un autre membre de la famille Capponi, Luigi, lui aussi vêtu de noir, légèrement barbu, selon la mode en vigueur, assis dans un fauteuil se détachant sur un fond gris, qui avait été peint vingt ans plus tôt que le tableau de Vassar. Quelle ne fut pas ma surprise en remarquant les surprenantes analogies stylistiques qui existaient entre ces deux œuvres ! De manière pour le moins curieuse, pourtant, on attribuait celui-ci à Jacopo da Pontormo. Après quelques recherches, je parvins à établir la cause de cette étonnante ressemblance. Luigi n'était rien de moins que le père de Niccolò et, comme celui-ci était mort de maladie, le chef de famille s'adressa à nouveau à l'artiste qui avait réalisé son propre portrait, en lui demandant de peindre une image posthume de son fils. À deux décennies d'écart, on retrouvait le premier, peint d'après nature, dans le second, subtilement imaginé d'après modèle, en hommage. Il était amusant de noter, d'un portrait à l'autre, malgré la persistance d'un trait naturaliste, la dimension beaucoup plus atmosphérique du portrait de Niccolò, lié à cette évolution vers le flou qui se retrouve dans la peinture tardive d'Allori et qui est caractéristique de l'art florentin de l'époque. J'y consacrai un article qui parut dans *Paragone*. Le rapprochement des deux œuvres ne laissait aucun doute sur l'identité de l'auteur, et l'attribution à Pontormo fut reconnue aussi fallacieuse que la première à Allori. Stradano peignait avec le tempérament naturaliste de sa région d'origine, vieillissant les visages quand Bronzino, Allori ou Pontormo avaient tendance à les rajeunir. Au gré des publications, moins systématiques et théoriques que mon travail sur les portraits, mais d'autant plus précises, je m'affirmai ainsi comme un œil capable de bien juger du XVIe siècle florentin.

Longtemps, je n'abordai les géants que de biais, que ce soit Pontormo, Andrea del Sarto ou Bronzino. Cela tenait, d'un côté, à mon goût pour la découverte, mais s'expliquait aussi par une forme de timidité devant un génie que je ne voulais pas profaner. Cette modestie avait quelque chose de sain. Grâce aux multiples détours que j'empruntais, je me fis un regard original sur mon siècle de prédilection. Ce regard, précisément, me permit par la suite de porter un œil neuf sur les productions des plus grands artistes. Si l'on ne connaît pas leurs contemporains, si mineurs soient-ils, on aura tendance à en faire des artistes à part, supérieurs et intemporels, conception séduisante dans laquelle entre une grande part de jugements forcément erronés. On doit aussi juger un génie à l'aune de ses contemporains. C'est ce que les Italiens ont parfaitement compris, en favorisant une flânerie consciencieuse à travers les régions obscures de l'histoire de l'art. Contrairement à la France, où notre culte des classiques nous prédestine à répéter ce que de grands spécialistes ont dit sur les héros de la Renaissance, et à paraphraser des travaux essentiels avec lesquels nous ne sommes pas encore en mesure de discuter, en Italie, les professeurs poussent les étudiants à faire des thèses sur les artistes originaires des lieux où ils ont eux-mêmes grandi : ils les forcent ainsi à entrer en contact avec la très riche érudition locale toujours accumulée autour des petits maîtres. Si un étudiant en histoire de l'université de Bologne désire se lancer dans la rédaction d'une thèse et qu'il vient de Carpi, le professeur le renverra à sa ville, à ses archives, à ses églises, et son travail apportera des informations véritablement utiles à ceux qui le lisent, en même temps qu'un matériel photographique considérable. Grâce à ce système, les étudiants et les professeurs se forment toute leur vie. C'est cette culture qui rend possible un outil de travail aussi formidable que la *Guida Rossa*, qui d'une édition à l'autre est mise à jour grâce aux précisions apportées par les jeunes chercheurs, et permet de comprendre pourquoi les meilleurs œils sont italiens. On n'en sait jamais assez sur les petits maîtres ; sans la connaissance des petits maîtres, on serait inévitablement tenté de ramener systématiquement les œuvres, comme cela fut trop souvent le cas, à la production des artistes les plus connus. Cela ne veut pas dire qu'il faille se cantonner toute sa vie à des artistes secondaires. Mais il ne faut jamais abandonner une curiosité pour les productions que l'histoire de l'art officielle et le marché délaissent.

C'est en 1989 que mon activité d'historien d'art franchit une nouvelle étape importante. Trois ans seulement après la soutenance de ma thèse sur les portraits, Roberto Contini, connu à la villa Longhi, me demanda si je serais disposé à rédiger le catalogue raisonné de l'œuvre peint de Jacopo da Pontormo, le maître de Bronzino. Il m'offrit ainsi ma première occasion de me confronter à un monstre. La maison d'édition milanaise où il travaillait alors souhaitait marquer le cinquième centenaire de la naissance de ce génie en 1994, redécouvert au XXe siècle, en publiant une monographie de référence, et c'est ainsi que je rejoignis la lignée des auteurs de catalogues raisonnés inaugurée par Johann David Passavant et son ouvrage sur Raphaël. Les catalogues raisonnés jouent un rôle très important dans le regard porté par les spécialistes sur la vie et l'œuvre des artistes. Ils sont l'occasion de faire une importante série de mises au point. C'est peut-être pour cette raison que les meilleurs d'entre eux ont toujours été réalisés par des historiens qui avaient aussi de l'œil. Ils nécessitent un travail d'ampleur, qui engage plus massivement l'autorité de l'auteur que les publications dans les revues spécialisées. Il faut à cette occasion être prêt à considérer les choses sans préjugés, et avoir envie de faire de nouvelles découvertes. Cette propension, qui est celle de tout œil véritable, et qui m'a toujours animé, peut amener à faire des erreurs, mais ceux qui ne se risqueraient pas à jeter un regard nouveau sur leur artiste s'exposeraient au risque de maintenir les erreurs précédentes, ce qui serait pire encore. Roberto Contini le savait, et c'est sans doute pour cela qu'il a fait appel à moi. En outre, ma connaissance des portraitistes, mes travaux sur la production de jeunesse d'Allori et les petits maîtres de l'époque de Pontormo me préparaient à relever le défi.

Jacopo Carucci, dit Pontormo, né en 1494 à Pontorme (alors modeste village de Toscane, qui se trouve être aujourd'hui un quartier de la petite ville d'Empoli) et mort à Florence à l'âge de soixante-deux ans, était l'un des artistes les plus célèbres de son temps. Tombé dans l'oubli, il a été redécouvert au début du XXe siècle par un historien d'art américain, Frederick Mortimer Clapp. À ses heures, Clapp composait des poèmes postsymbolistes à la tonalité élégiaque et désespérée. Son goût pour les trajectoires maudites l'a peut-être poussé à fuir les grandes figures glorieuses pour exhumer ce génie incompris de la tradition florentine. Le récit qu'il donne de sa première rencontre avec lui tient en une page, que tout historien de l'art ayant consacré ses recherches à Pontormo aurait aimé écrire.

« Quand, il y a quelques années, j'entrai de bon matin dans l'église Santa Felicita à Florence, je ne savais pas que je m'engageais dans une entreprise qui occuperait tous mes loisirs depuis lors. C'était l'automne et j'imaginais – je m'y vois encore – que, par une aussi belle journée, il serait peut-être possible de voir un retable que j'avais souvent scruté en vain dans l'obscurité de la chapelle Capponi. Je ne me trompais point. La lumière, entrant en biais par les vitraux supérieurs de la nef, tombait jusqu'à ce très sombre recoin et, pour la première fois, dans cet éclat fugitif, je vis vraiment la *Déposition* de Pontormo.

Ce fut une révélation inouïe. En examinant la peinture avec un ravissement étonné, je mesurai non seulement sa beauté, mais aussi l'aveuglement avec lequel j'avais épousé les préjugés de ceux pour qui Andrea del Sarto est le dernier grand artiste florentin et tous ses contemporains plus jeunes, sans aucune exception, de simples éclectiques superficiels dont Vasari a résumé l'œuvre dans ses fresques du Palazzo Vecchio.

J'avais découvert Pontormo. Petit à petit, je surmontai l'oubli où il était tombé et il devint pour moi une personne vivante. Sa solitude jalouse me plaisait, son dédain des mécènes et la passion avec laquelle il avait caressé le fantasme d'une forme d'expression plus personnelle que ne peuvent le permettre, sans doute, les arts graphiques[1]. »

---

1. Frederick Mortimer Clapp, *Jacopo Carucci da Pontormo, his Life and Work*, New Haven, 1916. Cité dans Philippe Costamagna, *Pontormo*, Paris-Milan, Gallimard/Electa, 1994.

Ces quelques lignes et le travail à l'origine duquel elles se situent font de Clapp le « découvreur » moderne de Pontormo. Victime d'une négligence complète, il a fallu qu'un homme solitaire lui consacre sa vie pour que son œuvre puisse nous atteindre. Le retable qui provoqua l'émoi de son premier grand partisan a été exécuté entre 1525 et 1528, à l'écart des parcours imposés par le *Baedeker*, dans la chapelle d'un membre de la famille Capponi qui avait décidé d'établir sa sépulture dans l'église florentine de Santa Felicita. L'œuvre, qui représente une scène de Pietà, offre un fond azur nimbé d'obscurité, sur lequel une suite de femmes enturbannées pleure la mort du Christ, Nicodème et Joseph d'Arimathie, jeunes hommes aux boucles blondes, portant son corps. Ils fixent le spectateur, alors que l'attitude prostrée de Nicodème, la bouche entrouverte de Joseph dénotent l'effarement. Le peintre, qui s'est représenté lui-même dans le fond du tableau, décoche un regard désespéré au public anonyme de cette scène, tandis qu'un ange se penche avec attendrissement sur elle. Un linge vert tendre, gisant chiffonné sur le sol, indique une pelouse et rappelle le jardin de Gethsémani, tandis que la Vierge Marie, au bord de l'évanouissement alors que le corps de son fils va être déposé sur ses genoux, détourne l'attention de ses compagnes de la figure christique, et que Marie Madeleine se précipite vers elle pour essuyer ses larmes. Les visages ont une expression langoureuse et sensuelle qui, jointe à l'acidité des couleurs (rose vif, bleu ciel, or, vert tendre), donne à l'ensemble un caractère irréel et fait du tableau une scène de déploration imprégnée de théâtralité extatique.

Le regard de Mortimer Clapp, qui se laissa charmer par cette image, rompit avec les canons historiographiques établis par les lecteurs de Vasari et de Lanzi. Ils avaient coutume de penser qu'Andrea del Sarto avait été le dernier grand artiste florentin. Au XIXe siècle, l'historien d'art helvétique Jacob Burckhardt s'était même appuyé sur une expression de Vasari pour présenter la mode picturale du XVIe siècle, que Vasari appelait la *maniera nuova*, comme une tendance artistique décadente, un « maniérisme », anathème jeté ensuite sur ces peintres par le public puritain et bourgeois au grand complet. Cette vision eut la vie dure et la découverte de Clapp resta confidentielle durant près de quarante ans. Ce n'est que dans les années 50 que la redécouverte du journal intime du peintre, tenu de janvier 1554 à octobre 1556, alors qu'il était un vieillard et qu'il peignait son dernier chef-d'œuvre, les fresques de la basilique de San Lorenzo, lui permit soudain de passer de la mort à la vie, de la gloire à l'oubli, et d'acquérir un véritable rang d'icône. Dans ce subit retournement, plus que de peinture, il fut question de scatologie. Le pauvre Jacopo da Pontormo, très affaibli, avait relevé pendant près de deux ans les influences que ses changements de régime alimentaire faisaient subir à ses excréments. Son *Journal* avait été publié pour la première fois dans sa version intégrale par Frederick Mortimer Clapp lui-même, mais ce n'est qu'après la guerre que de grands esprits comme Carlo Emilio Gadda ou Pier Paolo Pasolini s'en emparèrent. Ils y lurent comme un testament directement adressé aux hommes du XXe siècle, qui avaient connu le fascisme, les camps de concentration, et les situations d'humiliation extrême de la chair. Le *Journal* de Pontormo leur servit de bréviaire, et l'auteur finit par être élevé grâce à eux, en quelques années, au rang de véritable symbole de la pop culture. Je puis assurer qu'il m'est arrivé de déjeuner dans un restaurant new-yorkais du quartier de SoHo, où les murs étaient tapissés d'agrandissements du *Journal*, et où l'on avait représenté le peintre en personne sous les traits d'un travailleur immigré. Cela, dans un établissement appelé Il Mezzogiorno, devait constituer aux yeux du patron une plaisanterie du meilleur goût, mais je ne préjugerais pas du résultat que sa nourriture aurait eu sur l'estomac fragile de notre pauvre artiste. De Clapp à moi, grâce à ce retour de fortune, Pontormo fut hissé du rang de paria décadent qu'il occupait à celui d'artiste le plus coté d'art ancien toutes catégories confondues, avec l'incalculable inflation d'attributions que cela suppose.

Malgré les excès entraînés par ce phénomène de mode, Pontormo doit donc beaucoup aux néoréalistes italiens. Que vaut-il mieux ? Le retour d'un grand artiste sous un visage temporairement défiguré, ou son maintien dans l'oubli, en dépit de tout son indéniable talent ? Je dois dire, en outre, que la lecture que fit de lui le néoréalisme était parfois fine et intelligente. Dans *La Ricotta* (1963), moyen-métrage où Pasolini se penche sur le récit légendaire de la passion du Christ et sur son interprétation picturale, la *Pietà* qui a tant bouleversé Clapp se trouve répétée sous forme de tableau vivant. La théâtralité de l'image de Pontormo, que Pasolini considère comme une expression de la rusticité campagnarde de l'âme italienne, et de son malaise face au respect que doit inspirer le sacré, donne lieu à une séquence facétieuse où, les deux personnages qui portent le corps du Christ s'oubliant et laissant tomber leur précieux fardeaux, des éclats de rire fusent, tandis qu'une voix répète en criant, d'un ton bouffon : *che peccato ! che peccato !* (« quel péché ! »). Pour incomplète que soit cette vision de la peinture de Pontormo, elle exprime très bien son caractère déroutant. Elle est à même d'y faire entrer le profane. Grâce à l'engouement que provoqua la diffusion de son *Journal*, la première exposition qui lui ait jamais été consacrée vit le jour à Florence en 1956, et d'autres lui succédèrent. À cette occasion, de nombreux tableaux de Pontormo ressortirent des collections, surtout celles de l'aristocratie florentine, dont les fonds alors peu étudiés étaient toujours riches en surprises. Mon rôle, en tant que « catalogueur », a ainsi pu être dicté par les circonstances : il fallait proposer une vision nette de l'artiste, répondre à l'enthousiasme de la redécouverte esthétique par la rigueur scientifique, faire de cette nébuleuse de peintures attachées au nom de Pontormo une constellation claire, car la production qu'on lui attribuait était devenue incompréhensible. Et il fallait montrer qu'en dépit de nos fantasmes, auxquels il donne une certaine prise, Pontormo était avant tout un homme de son temps, inquiet de la défense de la *fiorentinità*, soucieux des questions religieuses, et exprimait une sensibilité esthétique et intellectuelle qui reflète les préoccupations de sa ville et de son siècle.

J'ai donc essayé de mettre en avant ce Pontormo qu'il nous fallait retrouver. J'ai souligné que, sur les fresques de la basilique San Lorenzo, qui devaient être le pendant florentin aux fresques du *Jugement dernier* de Michel-Ange, dans la chapelle Sixtine, l'humanité nue et proliférante, enturbannée, se pressant dans l'adoration du Sauveur, était moins une exaltation de l'âme rustique du peuple italien que la défense et l'illustration d'un nouveau programme d'adoration du Christ, centré sur la suppression des intermédiaires séparant Dieu des hommes. On en trouve l'expression dans un petit livre de Valdés, *Il Beneficio di Cristo*, que possédait le majordome de Côme de Médicis, son plus proche conseiller, et qu'avaient lu les époux Panciatichi. C'est un ouvrage presque aussi important pour le projet de réforme du catholicisme italien que pouvaient l'être les thèses de Luther pour les schismatiques allemands. Lorsque Vasari écrivit la *Vie* de Pontormo après le concile de Trente, en 1568, au moment où commençaient la Contre-Réforme et la lutte contre les idées réformatrices, il connaissait parfaitement le contenu hétérodoxe des fresques. Il les qualifia d'étranges, alors même qu'elles exprimaient le même type de pensée que les fresques peintes par Michel-Ange au Vatican plusieurs années plus tôt, et dont on masquait à l'époque certains traits scandaleux. S'il ne s'étendait pas sur leur sens intellectuel, c'est qu'il ne voulait pas attirer sur ce chef-d'œuvre les foudres de la censure. Ces fresques que Pontormo ne termina pas, et que son élève Bronzino fut chargé, à sa mort, d'achever, furent d'ailleurs détruites au XVIIIe siècle par la bigoterie des derniers Médicis… Si certains dessins préparatoires permettent de nous en faire une bonne idée, elles ne sont plus pour nous qu'un souvenir. Seul un peintre comme Michel-Ange, avec des audaces semblables, pouvait traverser le temps quasi indemne. Pontormo mourut en emportant l'illusion de voir ses idées réformistes triompher, et il paya de son prestige son engagement intellectuel. C'est une chose qu'il faut avoir à l'esprit pour comprendre que le rejet de son œuvre était en premier lieu lié à ses choix politiques, qui furent ensuite masqués par de soi-disant audaces esthétiques, affublées du sobriquet de maniéristes, ce qui n'est rien de moins qu'une diffamation. J'ai aussi rendu compte du caractère bizarre de la peinture de Pontormo en soulignant l'influence qu'exerça sur son art la production de Dürer, car la recherche d'alternatives au catholicisme pratiqué en Italie l'orientait vers l'Allemagne. En ce sens, Clapp ou Musset, qui avaient bien compris cette orientation gothique de la peinture de Pontormo, étaient plus près de la vérité que les néoréalistes italiens, qui avaient tendance à nier l'influence du maître de Nuremberg, dont le travail reste très académique. Cette exclamation de Césario, le partisan de Pontormo dans *André del Sarto* d'Alfred de Musset, exprime pourtant exactement le sens de son évolution : « Vive le gothique ! Si les arts se meurent, l'antiquité ne rajeunira rien. *Tra deri da !* Il nous faut du nouveau. »

Contrairement à ce qu'il fit pour Bronzino, Vasari documenta très bien la vie de Pontormo et il apparaît ainsi qu'un grand nombre de ses œuvres ne nous sont toujours pas parvenues. Il suffit d'ajouter à cela que ses dessins, abondants, nous permettent de nous faire une bonne idée de l'aspect de plusieurs des peintures manquantes, pour comprendre tous les espoirs de découvertes qu'il ne cesse d'alimenter. Pour faire mon catalogue, il me fallut donc entreprendre de nombreux voyages, et voir directement toutes les œuvres qu'on voulait rattacher à sa production documentée. Chaque fois que je ne pouvais pas les voir directement, j'écartais par précaution les tableaux concernés de la liste de ses œuvres certaines.

Je me suis trompé parfois, mais il fut plus sage d'agir ainsi, car des sommes d'argent extrêmement importantes étaient en jeu… À cet égard, l'œuvre d'une historienne d'art américaine, Janet Cox-Rearick, me fut particulièrement précieuse. Elle fit paraître un catalogue raisonné exclusivement consacré à ses dessins, et put ainsi réactualiser nombre des choix de Frederick Mortimer Clapp car, entre 1914 et 1964, date de la parution de son ouvrage, la méthode d'attribution des dessins avait beaucoup évolué. Janet Cox-Rearick était l'une des dernières représentantes du *connoisseurship* américain : formée à l'école de Sydney Freedberg, elle était réputée pour l'intransigeance avec laquelle elle exerçait son rôle de « Madame Pontormo » dans le petit monde de l'histoire de l'art. Mes amis chercheurs grimaçaient en m'expliquant qu'il faudrait m'entendre avec elle, parce que ses sujets d'étude étaient sa chasse gardée, et qu'elle se montrait avare de son appui, aimant travailler seule, n'hésitant pas à congédier ses prétendants d'une manière particulièrement hautaine. Je dus me résigner à prendre rendez-vous avec elle et nous nous rencontrâmes à New York : au bout de deux minutes, toute mon appréhension s'était volatilisée. Nous nous entichâmes l'un de l'autre dès le premier instant. Elle était très grande, blonde, en quelque sorte un idéal de beauté Wasp, collabora avec moi avec beaucoup de plaisir et d'affection, et elle n'hésita pas à m'assister quand j'étais en difficulté. À cause de travaux à la Galerie des Offices, un temps, mon travail se trouva menacé : je n'avais plus accès au fonds des dessins. Les tirages photographiques étaient également impossibles, et la publication de mon ouvrage se trouvait compromise. Janet me donna accès à toute sa photothèque. Grâce à elle, je pus achever le mandat de Roberto dans les délais. Même si je me permis de démontrer qu'un des dessins conservés au Metropolitan Museum de New York, qu'elle avait exclu dans son brillant ouvrage, était une feuille authentique et spectaculaire, Janet m'aimait et n'exprima jamais à mon endroit la moindre rancune. C'est sur sa recommandation que, dix ans plus tard, j'entrai à I Tatti, où je me consacrai entre autres à l'étude des œuvres de Bronzino.

Grâce à mon interprétation de l'évolution du style de Pontormo, je me trouvai en mesure de caractériser avec précision chaque phase de la carrière de l'artiste. Le catalogue que je venais de publier servit de référence à la communauté scientifique et au marché de l'art. Les œuvres que j'avais placées dans la rubrique des œuvres attribuées mais rejetées ressortirent, et l'on commença à m'apporter différents tableaux pouvant être de la main de Pontormo. De manière surprenante, il se trouva qu'un certain nombre de ceux que j'avais exclus sans examen direct étaient bons, mais ils souffraient chaque fois de graves défauts de conservation, qui les rendaient illisibles sur photographie. Dans les années 30, comme Pontormo ne plaisait pas, les restaurateurs donnaient à ses peintures un style Bronzino. On ne sentait donc plus le style et le pinceau de Pontormo au premier regard, et il fallait examiner attentivement les repeints, en ayant l'œuvre sous les yeux, pour deviner ce qu'il y avait dessous. Cette tragique erreur des restaurateurs explique que nombre des œuvres que Clapp lui-même avait encore l'occasion de trouver sublimes ne soient plus pour nous que des souvenirs. Les grands retables d'église sont restés, mais les œuvres des collections ont été trop déplacées et retravaillées. L'histoire du tableau peut masquer ses caractéristiques. Son état de conservation joue le rôle d'écran. J'ai mis du temps à comprendre la cause d'une sensation désagréable éprouvée en présence de certaines œuvres, qui ne s'expliquait que par des questions de restauration. Cela a été le cas, notamment, pour un *Portrait de luthiste* de Pontormo, que je n'avais connu que par photographie. Il avait été exposé à Florence, en 1956, puis plus jamais montré. J'avais essayé de le voir, mais en vain. On considérait qu'il avait appartenu à la grande collection florentine des Gucciardini, mais dans aucune des résidences de cette noble famille, à Florence et en Toscane, je n'avais pu retrouver ce tableau. Sur la photographie, les coups de pinceau rappelaient Pontormo, et ils avaient néanmoins je ne sais quoi de caricatural, de pontormesque, qui me poussait à me demander s'il ne pouvait pas encore une fois être de son collaborateur Jacone. Je publiai donc l'œuvre dans le catalogue raisonné avec les réserves d'usage. Il y a trois ou quatre ans, le tableau est revenu à moi. Il se trouvait dans une collection, à Monaco... Son intermédiaire m'avait fait venir. Devant l'œuvre, j'éprouvai le même malaise que devant la photographie. Il y avait de drôles d'ombres, c'était une drôle de matière. J'en suis arrivé à la conclusion qu'il avait été transformé. L'ombre n'était pas de Pontormo mais elle n'était pas de Jacone non plus. Nous avions probablement affaire à une œuvre restaurée dans les années 50-60. À cette époque, les restaurateurs transformaient les Pontormo en Bronzino, car ils trouvaient le maître du portraitiste pénible à regarder. Le tableau avait été repeint, repris, retouché, ses yeux portaient la marque de Bronzino. Sous les repeints, il était peut-être en bon état, mais les analyses ne montraient pas grand-chose. J'ai exposé les risques d'une restauration au propriétaire. Il a accepté, sur ma suggestion, de les courir. Les plus grands restaurateurs de Florence s'en sont occupés. Il en est ressorti un vrai Pontormo, qui ressemblait à celui que j'avais imaginé. Les ombres gênantes avaient été supprimées, les contours de l'œil avaient retrouvé les coups de pinceau vigoureux qui caractérisent le maître au moment de la dernière République florentine, entre 1528 et 1530, les couleurs étaient plus vives, les plis plus cassants. L'œuvre fut exposée en 2012 à Hanovre et reconnue par tous.

Le catalogue raisonné m'apporta une reconnaissance universitaire définitive, que je devais à la confiance de mon ami éditeur milanais. Portant sur un artiste aussi recherché des collectionneurs, le catalogue m'attira ainsi des demandes de la part du marché, et me permit d'accéder à une nouvelle position, à double tranchant. Il me fallut apprendre à gérer les relations avec les marchands et, étant passé, aux yeux de mes pairs, du statut d'outsider à celui de référence incontournable, je me vis aussi soudain forcé d'avoir un avis sur chaque tableau qu'on me présentait. Aujourd'hui, si je venais à me tromper, il me serait difficile de le faire savoir. C'est le sort qui guette tout œil reconnu, passant du statut de jeune chercheur prometteur à celui de membre du club des Berenson, Longhi et Zeri. Il a soudain le droit de les contredire. Mais, en échange de ce privilège, tout le monde ne rêve que d'une chose, le voir se désavouer. C'est l'entrée dans une vie d'activité frénétique, où l'on regrette parfois les années de contemplation innocentes qui ont fait notre jeunesse, mais où on a l'occasion de vivre de grandes aventures.

7.

Pierre noire, sanguine, plume, rehauts...

À la différence de la peinture, où à force de travail et d'exercice l'œil finit par s'y retrouver, le dessin est extrêmement déconcertant. Presque tous les grands peintres, en effet, dessinaient beaucoup. Tantôt ils copiaient des œuvres qu'ils admiraient, tantôt ils exécutaient des croquis destinés à fixer des idées qui serviraient plus tard ou resteraient sans suite. Ils exécutaient également des dessins préparatoires pour la plupart de leurs tableaux. Ils pouvaient pour cela recourir à différentes techniques : la plume, la pointe d'argent, la pointe de plomb, la pierre noire, la sanguine, le mélange pierre noire-pierre sanguine, les rehauts de blanc, sur des papiers naturels ou teintés, généralement de bleu, ou encore préparés quand on passait une couche de couleur sur le papier avant de réaliser le dessin. Cette préparation pouvait être mauve, orange, marron, jaune ou bleue. Ainsi que je l'ai exposé précedemment, il faut toujours considérer ces questions avec prudence car, souvent, les dessins ont été repassés, ravivés, certaines feuilles fragmentaires ont été reconstituées, ce qui transformait ce type de feuilles en œuvres de restaurateurs plutôt qu'en dessins originaux.

Aujourd'hui, dans les cabinets de dessin où nous les conservons, ces feuilles sont montées sur des passe-partout, et, quand nous les avons examinées, nous pouvons y noter une attribution, avec signature et date, à même le montage. C'est, en quelque sorte, le dernier domaine où l'œil goûte à l'ivresse qui devait accompagner le premier travail de Berenson. Si nous devions publier chacune de nos nouvelles attributions, nous ne viendrions jamais à bout de la connaissance : il y a trop de feuilles de dessin, cela nous prendrait un temps infini et, d'ailleurs, occuperait beaucoup de place dans les revues. Nous nous contentons donc, la plupart du temps, d'inscrire un nom sur le montage de la feuille qui sera examiné par les directeurs de cabinet et les historiens d'art qui nous suivront dans ces pièces. Des années plus tard, si ces avis sont jugés importants, ils seront peut-être rapportés, discutés à l'occasion de la publication d'un catalogue raisonné ou de celui de la collection qui le conserve, et des gens que nous ne connaissons pas inventeront des arguments pour étayer notre intuition, comme les *connoisseurs* qui travaillent aujourd'hui le font avec les positions de Berenson…

L'œil qui étudie le dessin est très fréquemment confronté à des feuilles rappelant des œuvres ou d'autres dessins connus. Il lui faut alors savoir s'il est en présence de feuilles réalisées par l'artiste ou de copies. De plus, il arrive que plusieurs dessins identiques soient tous candidats au titre de feuilles préparatoires pour un tableau, et qu'il faille établir entre eux une hiérarchie. L'appréciation de la copie est aussi extrêmement délicate ; dès le XVe siècle, l'apprentissage des jeunes peintres débutait par la copie des motifs de leur maître ou des figures d'artistes majeurs. Ainsi, les dessins les plus anciens de Michel-Ange furent-ils faits d'après Giotto et Masaccio, ceux des peintres de Louis XIV à partir des frères Carrache, de Guido Reni ou de Raphaël... La Couronne française avait des émissaires spécialement détachés pour rapatrier les précieux modèles destinés aux peintres du roi, ce qui explique en partie pourquoi le fonds d'art graphique du musée du Louvre, qui comporte plus de 150 000 œuvres, est l'un des plus importants au monde. Fort de l'exemple des collections royales, des amateurs éclairés constituèrent ensuite dans le pays des ensembles remarquables, souvent à l'origine des cabinets d'art graphique des musées des Beaux-Arts, comme à Rennes, Lyon, Besançon, Grenoble, ou Orléans... Ces fonds sont autant de lieux idéaux pour s'approprier le monde particulier du dessin et exercer l'œil aux exercices uniques qu'il requiert.

C'est Sylvie Béguin, dont j'étais la petite main en 1983, au moment de la préparation de l'exposition sur Raphaël, qui remarqua la difficulté que j'avais à me repérer parmi ce type de productions. Elle m'emmena alors pour la première fois à la bibliothèque municipale de Rouen, dans un cabinet où il y avait beaucoup de copies, et pas des meilleures… Grâce à ses précieuses remarques, je compris ce qui les distinguait et appris à reconnaître le trait continu, peu assuré qui caractérise les copies. À partir de ce moment-là, je commençai à consulter les boîtes de dessins dans les plus prestigieux musées, comme au Louvre et aux Offices. Les cabinets des départements de dessin sont constitués de boîtes rangées par catégories d'originaux, d'anonymes et de copies. Ces différentes compartimentations sont ensuite divisées par écoles et par époques. Même si l'attribution du dessin est beaucoup plus complexe que celle de la peinture, elle repose au fond sur le même système. Les dessins se rangent successivement dans des compartiments toujours plus précis de l'esprit, qui permettent d'arriver finalement à une attribution définitive. Dans les cabinets de dessin et les fonds des musées, on est parfois tout de même confronté à des erreurs de jugement énormes. Il n'est pas rare de trouver une feuille de dessin italien dans une boîte dédiée au dessin français, ou un dessin du XVIIe mêlé à une série de feuilles de primitifs. Il y a aussi les anonymes qui sont en fait des feuilles de maître, mais qu'on ne peut rattacher à aucun tableau connu, et les originaux qui sont en fait des copies, ou vice versa. C'est un jeu de détective auquel on peut consacrer des heures… Comme je commençais à fréquenter ces lieux chronophages, je fis la rencontre en 1984 de Catherine Goguel, directrice de recherche au CNRS et attachée au département des arts graphiques du musée du Louvre, à l'occasion d'un colloque sur Raphaël à Florence, à la fondation Longhi. Elle s'est immédiatement prise d'affection pour moi. Belle, charmeuse, enjouée, elle venait d'achever un long travail sur le fonds des dessins de Vasari et de son entourage au Louvre, qu'elle connaissait mieux que personne. On l'invitait beaucoup, tout autour du monde, à présenter le résultat de ses différentes recherches. Elle m'emmenait elle aussi dans les colloques en Europe et aux États-Unis, où elle apparaissait comme l'ambassadrice de l'école des œils à la française, apportant avec elle son érudition et son côté bon vivant, auquel je participais pleinement.

Comme les dessins ne peuvent pas être exposés plus de trois mois à la lumière du jour, et que l'intensité de l'éclairage ne doit pas excéder les cinquante lux, sans quoi les feuilles pâliraient, seraient détruites, le public les voit rarement. D'où l'importance de chaque exposition temporaire de ces feuilles qui après leur présentation retournent dans leurs boîtes pour une période minimum de trois ans. Ces événements donnent lieu à un travail de publication qui permet de mettre à disposition des intéressés ces collections exclusives, que peu de personnes ont la chance de seulement connaître, et encore moins de fréquenter. C'est ainsi qu'en 1990, Sylvie et Catherine ont décidé, en ayant recours à un aréopage de spécialistes, d'organiser une exposition autour des dessins italiens de la collection du musée des Beaux-Arts de Rennes. Ce fonds était constitué d'un ensemble de feuilles pour l'essentiel saisi sous la Révolution au patrimoine d'un marquis de l'Ancien Régime, le marquis de Robien. Ce fut pour moi l'occasion de faire mes premiers pas scientifiques dans cet univers confidentiel et assez difficile d'accès, en contribuant au catalogue de l'exposition. Catherine, avec beaucoup de générosité, se chargea plutôt des dessins du XVIIe siècle, me laissant m'occuper de son domaine de prédilection, celui des dessins florentins du XVIe siècle. Sans avoir encore la prétention de m'affirmer comme une personnalité du dessin, grâce à cette expérience je pus me mettre à publier et à me faire connaître dans ce domaine.

Peu après, je surpris tout le monde par une communication, dans le cadre d'un colloque tenu au Kunsthistorisches Institut de Florence sur l'art de la Toscane au XVIe siècle. Le public s'attendait à ce que je montre des portraits florentins du début du siècle, mais je sortis des dessins. J'avais rassemblé des feuilles d'un peintre de miniatures d'origine croate, Giulio Clovio (1498-1578), dont la portée politique a été sous-estimée, sans doute à cause des dimensions réduites de ses œuvres. Les miniatures de Clovio offrent une réduction à l'échelle presque magique des formes titanesques de Michel-Ange, empruntées aux dessins, fresques ou sculptures du célèbre artiste florentin. À Rome, en 1540, il entra au service du cardinal Alexandre Farnèse, petit-fils du pape Paul III. Clovio mit son art particulier au service du projet de réforme italien de l'Église catholique auquel son protecteur adhérait, et Vasari dit de lui, dans les *Vies*, qu'il était un « *Michelangelo fare piccolo* », un « Michel-Ange de la miniature ». De fait, Clovio s'inspire de toutes les œuvres les plus « spirituelles » du grand sculpteur, notamment des dessins de présentation réalisés pour les personnalités les plus engagées dans la réforme de l'Église, telle Vittoria Colonna (1490-1547). Je venais de retrouver deux de ses dessins, surprenants par leurs grandes dimensions, quoique peuplés de petites figures. L'un d'entre eux, un *Jugement dernier* de la Galerie des Offices, avait été attribué à Alessandro Allori, attribution à laquelle je ne pouvais croire quoique Allori ait été très influencé par les dessins de Michel-Ange, tandis qu'il s'inscrivait très bien dans le parcours esthétique de Giulio Clovio. Autour de cette découverte, je réunis d'autres dessins finis exécutés par Clovio pour les Médicis. Ces dessins permettaient, une fois encore, de comprendre l'engagement de Côme de Médicis au début de son règne en faveur de la réforme de l'Église ; s'adresser à un tel artiste, dont les œuvres, par leurs dimensions, permettaient de porter près de soi les idées qu'on défendait, n'était pas anodin.

Fort de mes petits succès, je décidai de continuer à étudier le dessin et en particulier le rôle de la copie dans la formation des grands peintres. C'était un sujet qui me tenait à cœur, et que j'avais abordé empiriquement, en consultant les boîtes dites de copies, en particulier celles constituées de feuilles d'après Michel-Ange. Je fis alors une petite découverte intéressante, au Louvre, dans la boîte renfermant les dessins du sculpteur florentin Jacopo Sansovino (1486-1570). Il y avait là une tête de jeune homme à la sanguine dont la position contorsionnée dérivait d'une figure de la *Bataille de Cascina* de Michel-Ange, alors que le trait, lui, renvoyait au style d'Andrea del Sarto. Il s'agissait bien d'une esquisse de sa main, qu'il réutilisa pour une petite figure de nu placée sur un escalier, dans le fond d'une grande scène d'*Annonciation* peinte en 1512, aujourd'hui exposée dans les appartements d'apparat du palais Pitti. Inutile au projet d'ensemble, elle rappelait le temps où les souvenirs visuels des *Batailles* de Léonard et de Michel-Ange subsistaient dans Florence et servaient, selon un mot du sculpteur Benvenuto Cellini, de *Scuola del mondo*, d'« École du monde » à la foule des artistes qui se pressaient pour les étudier. Le dessin du Louvre, préparatoire à la tête de ce curieux *Ignudo*, était en même temps une étude graphique de jeunesse, glissée comme clin d'œil par Andrea del Sarto dans sa propre composition. Le dessin quitta la boîte de Sansovino et alla rejoindre celle de son véritable auteur. Dans l'article où je rendis compte de cette petite découverte, je mis en parallèle l'usage de la copie de Michel-Ange chez Andrea del Sarto et chez Alessandro Allori. J'évoquai aussi un troisième peintre, Francesco Salviati (1510-1563), qui copia un grand nombre des artistes des générations précédentes et même institutionnalisa la copie de Michel-Ange, avant même la création de l'Académie du dessin, en 1563. Dans cet article, je commençais à mettre ainsi à profit les heures passées à former mon œil sur les copies, lequel me permettait maintenant de reconnaître le coup de crayon propre à chaque artiste.

Quelques années plus tard, Catherine Goguel commença à préparer l'une des plus belles expositions des années 90 consacrée à un peintre de la Renaissance, présentée à Rome à la Villa Médicis et à Paris au musée du Louvre, « *Salviati ou la bella maniera* ». Elle me demanda de m'associer une fois encore aux historiens qui travaillaient avec elle, et ce fut l'occasion de rejoindre une équipe composée de spécialistes appartenant aussi bien au monde du dessin qu'à celui de la peinture. Francesco Salviati demandait au moins cela. Individu rocambolesque, que Vasari considérait comme un des plus grands artistes de son temps, c'était un touche-à-tout, qui ne se consacrait pas seulement à la peinture et au dessin, mais encore à la gravure, à la tapisserie, aux objets d'art ou à l'illustration d'ouvrages… Formé dans l'atelier d'Andrea del Sarto, il était florentin, travailla aussi à Rome, à Venise, en France, s'imprégnant de l'univers intellectuel et artistique d'écoles diverses, notamment des créations du Titien ou de Jules Romain, dont il découvrit les œuvres à Venise et à Mantoue. Comme Jacopino del Conte, mais plus injustement que lui, il représente un cas de peintre hors école, mal compris parce qu'il ne s'inscrit pas dans une tradition définie ; il était néanmoins, sans conteste, l'un des plus grands artistes du XVIe siècle. Pour s'attaquer à ce corpus ardu, Catherine avait besoin de personnes aux compétences multiples. C'est pourquoi elle comptait sur toute l'expérience que j'avais acquise au cours de mon travail sur les portraits, mais aussi à ses côtés parmi les feuilles de dessin. Nous disposions d'un catalogue raisonné de son œuvre, brouillon, et de nombreux articles qui, du fait qu'ils n'abordaient que des points particuliers de sa carrière, ne permettaient pas d'avoir une bonne vision de l'évolution de son style. Son corpus avait été alourdi par des propositions peu plausibles. Au bout de trois ou quatre ans de travail, un ensemble extrêmement novateur, qui entraîna des bouleversements d'école, fut présenté au public qui, pour l'une des premières fois, pouvait comprendre grâce à l'impressionnant nombre de dessins exposés le fonctionnement des ateliers et l'évolution de la pensée d'un artiste comme Salviati.

Cette aventure reste pour moi l'un des modèles absolus de l'aventure du *connoisseurship*. Sans le regard aiguisé de Catherine sur les dessins, sans ma connaissance de la peinture et surtout sans l'esprit d'équipe que la commissaire de l'exposition avait su créer, nous n'y serions jamais arrivés. Car le *connoisseurship* gagne à s'exercer en équipe. Avant de publier une réattribution ou une découverte, l'expert a tout intérêt à soumettre son intuition à un confrère. La proposition en sort renforcée, ou modifiée, en fonction du regard de l'interlocuteur. Si les spécialistes de peinture ont rarement le réflexe de discuter leurs positions avant publication, les gens du monde du dessin, en revanche, pensent indispensable de soumettre leur vision au regard de ceux qu'ils estiment et, lorsqu'ils inscrivent une proposition d'attribution sur un montage, ils craignent déjà secrètement de se tromper. On imagine facilement qu'ils ont besoin de se rassurer avant de lier leur nom à une prise de position durable, ne pouvant le faire face au passe-partout.

Les propositions que nous avons faites ensemble ont aussi permis à Salviati de faire un grand bond en avant sur le marché de l'art. Son art sophistiqué, même s'il n'a pas la simplicité et l'universalité de grands artistes redécouverts, comme le Caravage ou Vermeer, a su fasciner le public. Il n'a pas bénéficié d'un engouement comme celui qui a entouré Pontormo à la découverte du *Journal*, mais certaines œuvres de Salviati, depuis l'exposition, ont été cédées à des prix records. La découverte que Catherine Goguel avait proposée n'était pas celle d'un tableau ou d'un chef-d'œuvre en particulier, mais d'une personnalité esthétique qui était jusque-là finalement méconnue, dont nous avons pu ensemble souligner les contours et enrichir nettement le corpus. Nous avons reconnu que nous avions fourni un effort de valeur quand les gens moins avancés que nous se sont montrés surpris devant des œuvres dont nous étions absolument certains. Les œils ont reconnu que nous avions montré le véritable Salviati même s'il y a, aujourd'hui encore, quelques réticences qui nous font sourire. Le sentiment d'avoir fait un pas dans l'histoire de l'art nous procura une grande satisfaction personnelle. Ce fut aussi un bel exemple de ce que peut permettre une bonne compréhension du dessin, en termes de renouvellement de la perception visuelle d'un artiste.

Même si, pour devenir un œil complet, l'attribution du dessin est essentielle, les deux domaines, peinture et dessin, pour des raisons financières, sont extrêmement peu perméables. Les amateurs du dessin se tiennent à l'écart des questions qui touchent à la peinture, dont ils redoutent le côté tapageur. Les spécialistes de la peinture, quant à eux, se soucient rarement de le connaître. Roberto Longhi, Federico Zeri ne s'y intéressaient guère, et Berenson fut le seul des grands historiens d'art de la tradition à allier l'intelligence du dessin et de la peinture, comme en témoigne *The Drawings of the Florentine Painters* (1903), première étude systématique des dessins d'une école par un historien d'art. Jusqu'à lui, ce type de connaissance était souvent l'affaire d'artistes et de collectionneurs, qui inscrivaient sur les feuilles qu'ils conservaient le nom des auteurs. Vasari avait ainsi constitué une impressionnante collection de dessins recueillie en volume, sous le nom de *Libro dei Disegni*, où chaque feuille était insérée dans un encadrement dessiné de sa main ou de celle de ses élèves, et recourant au répertoire décoratif caractéristique du style maniériste : grotesques, thermes, vases, architectures, femmes nues ; tous éléments conventionnels exploités aussi dans les nombreux grands décors florentins et romains qu'il exécuta par ailleurs. Cette somme d'érudition fait de lui un précurseur des *connoisseurs*, dont il préfigura le geste favori en prenant soin d'inscrire dans les encadrements des dessins les noms des auteurs présumés. Cela ne l'empêcha pas de se tromper, ce qui en fait en quelque sorte véritablement l'un des nôtres. Mais on peut dire que c'est Philip Pouncey, un Anglais né à Oxford en 1910, qui inventa l'art d'attribuer le dessin tel qu'il s'est développé sous sa forme moderne. D'une génération plus jeune que Berenson, cet homme de musée a décidé de se consacrer à l'histoire de l'art après avoir assisté à une exposition de la Royal Academy of Arts qui passait en revue la peinture italienne de 1200 à 1900, et fit le catalogue des peintures italiennes du XIVe siècle à la National Gallery, où il travailla entre 1934 et 1939. La Seconde Guerre mondiale interrompit momentanément ses activités et, après un détour au service des renseignements anglais, il se consacra définitivement à l'étude du dessin quand on lui proposa de cataloguer l'ensemble des feuilles de dessin italien du département des dessins et estampes du British Museum, sans limites d'école ou d'époque.

Ce travail colossal, paru en trois fois, l'occupa plus de vingt ans. Philip Pouncey se singularisa à cette occasion par une capacité inédite jusqu'à lui, celle qui permettait de reconnaître, avec une certitude quasi infaillible, les dessins préparatoires à n'importe quelle œuvre peinte issue de maîtres importants ou anonymes.

Grand admirateur de l'*Histoire de l'art italien* de Crowe et de Cavalcaselle, il avait coutume de diviser les spécialistes du dessin en trois classes : ceux qui voient tout de suite, ceux qui voient quand on leur dit ce dont il s'agit, et ceux qui ne voient rien du tout. Malgré sa simplicité apparente, cette classification témoigne de l'intelligence profonde de Philip Pouncey, parce qu'elle résume toutes les situations auxquelles nous pouvons nous trouver confrontés en tant qu'œils. Quand on nous a dit : « Tiens, voilà un dessin de Salviati », et que nous n'y aurions jamais pensé, nous nous maudissons d'être « dans la troisième catégorie de Pouncey ». C'est, le plus souvent, que notre interlocuteur a beaucoup d'avance dans la compréhension de l'artiste, et qu'il nous faut franchement nous remettre à l'étudier. Même si ces catégories sont communes aux œils des deux bords, qu'ils s'occupent de dessin ou de peinture, les deux mondes se mêlent peu. Est-ce une simple question d'intérêt, ou est-ce que la reconnaissance du dessin fait appel à d'autres ressources de l'esprit, à d'autres compartiments de la mémoire que celle de la peinture ? Si tel est le cas, il faudrait dire que, Sylvie ou moi, sommes parmi les rares personnes à avoir les deux tiroirs en question ouverts…

Le monde du dessin, pour toutes ces raisons, est resté à part et, chose qui n'est pas des moins curieuses, s'est souvent caractérisé comme un monde de femmes. Il a eu ses grandes dames, dans les cabinets de dessin de Florence, de Rome, de Budapest, de Francfort..., comme dans le département des arts graphiques du musée du Louvre. Est-ce parce que les enjeux de pouvoir et d'argent y sont moindres ? Ces grandes dames sont des œils exceptionnels, mais n'ont pas forcément cherché à se former à la vision de la peinture. Si elles voient le dessin mieux que personne, elles seraient parfois capables de faire des réflexions d'étudiants d'université sur un tableau. De même, les collectionneurs de dessin sont rarement de grands collectionneurs de peinture, et représentent un type à part, d'ailleurs beaucoup plus sympathique que celui des seconds. Ils sont présents à toutes les expositions, à toutes les ventes, pris eux-même par la passion de l'attribution, alors que les gens du monde de la peinture, historiens d'art, collectionneurs, et marchands compris, donnent souvent l'impression de perdre les œuvres de vue, de chercher à spéculer plutôt qu'à comprendre, à aimer. Dans le monde du dessin, une feuille peut être chère, mais les prix n'atteignent jamais des sommes délirantes, ce qui exclut de sa sphère tous ceux qui voudraient y pénétrer parce que cela peut rapporter gros... Parmi ces collectionneurs atypiques, Jak Katalan, que je compte au nombre de mes amis, artiste de formation, avait couvert les murs de son loft new-yorkais avec des dessins. Piqué au jeu de la découverte, il est rapidement devenu historien d'art lui-même. Il a publié certaines découvertes très intéressantes, et en a enrichi sa collection. Ayant commencé par acheter des dessins onéreux, avec le temps, il s'est concentré sur des artistes plus négligés, préférant faire l'acquisition de belles feuilles d'artistes anonymes avant d'en donner lui-même la filiation. Ces collectionneurs épris de connaissance sont ceux qui finissent par léguer leurs découvertes aux différents cabinets de dessin. Encouragé par les politiques de défiscalisation pratiquées par le gouvernement américain, Jak Katalan a par exemple créé une fondation caritative contenant sa collection de dessins italiens dont la National Gallery de Washington était le bénéficiaire. En France, cela ne serait pas arrivé, parce que nous sommes extrêmement attentifs à la valeur patrimoniale d'une collection. Elle reflète toujours une vision. Quoi qu'il en soit, le dessin est l'un des seuls domaines où la vision en question est celle du collectionneur, et non celle de son conseiller…

Après ces premières aventures, il m'est arrivé de faire d'autres découvertes de dessin. En 1993, quelques années avant l'exposition Salviati, alors que j'étais à New York pour la traduction de mon catalogue sur Pontormo, j'allais souvent au cabinet de dessin du Metropolitan Museum of Art, où je passais du temps, principalement parmi les anonymes, précisément pour faire des découvertes. J'y redécouvris un dessin publié par Janet Cox-Rearick comme une copie, et qui était en fait un Pontormo authentique. C'était un dessin fini à la sanguine, un projet de retable, parcouru de nombreux repentirs, tous tracés avec le trait vibrant de Pontormo. Ces hésitations excluaient qu'il pût s'agir d'une copie. La réattribution de ce dessin coïncidait avec la prise de fonction d'un nouveau conservateur du cabinet de dessin du Metropolitan Museum, qui avait rempli le même office pour le J. Paul Getty Museum de Los Angeles, où il avait dépensé des sommes folles pour faire venir des feuilles des plus grands dessinateurs florentins du XVIe siècle, Andrea del Sarto, Salviati, Pontormo, Bronzino. Il considérait le poste de directeur du cabinet de dessin du Metropolitan Museum comme le couronnement de sa carrière. Seule ombre au tableau, à ses yeux : le département des dessins ne possédait aucune feuille de Pontormo. Ma découverte me valut par conséquent d'être reconnu par cet homme, pourtant avare de son estime. J'y retrouvai aussi un dessin à la sanguine représentant un paysage, rangé dans une boîte de Français du XVIIIe, où je reconnus tout de suite la main d'un autre peintre maniériste, Domenico Beccafumi (1486-1551), sorte d'équivalent siennois de Pontormo. Je notai mon avis sur le montage et m'en allai sans rien dire. Quelle ne fut pas ma surprise lorsqu'un conservateur des dessins, quelque temps plus tard, publia la découverte d'un Domenico Beccafumi au « Met » en présentant cette attribution comme son grand exploit. Il se crut obligé de signaler dans une note de bas de page, en passant, que Philippe Costamagna, *connoisseur* français, était arrivé à la même conclusion indépendamment de lui ; cela ne se fait pas. Mais cet ancien jeune homme, peu réputé pour son œil parmi ses aînés, avait besoin de le faire reconnaître par des publications…

Les deux dernières découvertes sont plus récentes, et touchent au peintre du *Christ* de Nice. Contrairement à la plupart des Florentins, dont on possède beaucoup de feuilles de grande qualité, Bronzino n'a laissé que quelques rares esquisses, peu de dessins finis. A-t-il très peu dessiné ? Une partie de son fonds a-t-elle été perdue ? Brûlée, comme cela fut le cas pour ceux d'Antoine Van Dyck emportés en 1720 par l'incendie de l'atelier de l'ébéniste André-Charles Boulle ? Toute hypothèse est permise, sauf celle selon laquelle il aurait été mauvais dessinateur. Les échantillons qui nous sont parvenus prouvent le contraire. Un jour, deux marchands d'art anglo-saxons, de grands amis, habitués des salles de vente aux enchères de Drouot, qui avaient acheté une feuille représentant une jambe tracée à la pierre noire, m'ont demandé si elle n'était pas de Salviati. Cela se produisit après l'exposition consacrée à l'artiste, et on voyait sa main partout. Le trait était d'une grande finesse, d'une exécution parfaite, mais j'y reconnus les caractéristiques indubitables de Bronzino... Ils n'y avaient pas pensé du tout ! En tant que rare exemple des dessins de Bronzino, cette feuille, qui ne représentait pourtant qu'une jambe, eut l'honneur d'être exposée dans le cadre de la rétrospective consacrée à ses dessins, en 2010, au Metropolitan Museum de New York.

Une petite rivalité du monde de l'art m'empêcha de faire connaître mon autre découverte à cette occasion. Un célèbre marchand anglo-saxon m'avait fait voir une étude préparatoire au visage du portrait de Stéphane IV, grand connétable Colonna (?-1548), lieutenant général des armées de Côme de Médicis. C'était un dessin exécuté à la pierre noire, sur une feuille de grande dimension, dont Bronzino a tiré l'un de ses portraits les plus réussis. Le connétable, barbu, y pose en armure, sur fond de draperies roses, devant une colonne évoquant son patronyme, et symbole de son pouvoir. Le fini du dessin montrait que c'était un travail préparatoire extrêmement abouti, avec une contention de trait qui excluait d'emblée la copie. Certaines divergences de la feuille avec le tableau me suggérèrent qu'elle constituait la dernière étude, avant mise en peinture, du personnage représenté sur le tableau. Dans ces cas-là, l'attribution est tout à fait certaine mais, en l'occurrence, pour des raisons très extérieures à l'art, le dessin ne fut donc pas présenté à l'exposition de New York, et provoqua un cancan dont se gausse encore le monde de l'histoire de l'art. Cela ne m'empêcha pas de la publier dans *Master Drawings*, seule revue scientifique entièrement dédiée au dessin, et c'est une attribution à laquelle souscrivent largement les spécialistes de l'artiste... Pour ma part, je continue à fréquenter les cabinets de dessin. Je parcours les feuilles montées sur des passe-partout, je repère les artistes et inscris leurs noms au crayon, en espérant que les avis les plus importants seront remarqués, et qu'on les rapportera, peut-être, aux côtés de ceux de personnages aussi illustres que Philip Pouncey. C'est ma manière à moi de rendre hommage à la pratique utopique de notre métier, celle toute laconique de l'inscription d'un nom, de l'esquisse d'une liste.

8.

Énigmes et enquêtes

Une fois que nous sommes reconnus, les marchands, les héritiers, les collectionneurs font appel à nous pour savoir ce qu'ils ont en leur possession. Nous nous déplaçons beaucoup, souvent pour rien. Si, parfois, nous faisons des rencontres bouleversantes, comme celle du *Christ* de Bronzino, notre vie d'enquêteurs, à l'instar de celle des détectives, n'est pas faite seulement de prises sensationnelles, mais aussi de routine. Comme eux, nous devons entretenir notre réseau d'indicateurs, manœuvrer longuement avant de mettre la main sur les œuvres rares. Ce désir de découverte, que nous cherchons à canaliser en nous centrant sur notre travail de connaissance, ne nous laisse pas entièrement insensibles. Une *Résurrection de Lazare*, déclarée perdue dans mon catalogue sur Pontormo, m'a valu souvent de longues minutes de débats téléphoniques et de nombreux déplacements vains. Il s'agit d'un tableau très important, offert en cadeau par les républicains florentins à François Ier, et qui présente une certaine similitude avec le *Christ* de Bronzino. Vasari écrit en effet à son sujet : « Lazare retournait à la vie et reprenait ses esprits à partir d'une dépouille de chair morte. » C'est à propos de ce tableau que je me trouvais à Nice en 2005 avec Carlo, lors de mon passage au musée des Beaux-Arts. Nous n'avons pas trouvé le tableau de Pontormo tant recherché pour découvrir celui de Bronzino sorti de l'esprit de tous. Les œuvres se révèlent donc de manière capricieuse. Si j'ai retrouvé le chef-d'œuvre de son élève, je n'ai toujours pas un seul candidat crédible à ce tableau documenté par Vasari. Dans l'attente, je tâche de mettre au mieux en pratique ce principe adopté par tout œil : toujours se déplacer, accepter de voir n'importe quelle œuvre, même les croûtes.

Il arrive parfois que les œuvres qu'on nous présente soient extrêmement intéressantes, même si elles ne correspondent pas aux attentes de ceux qui nous les montrent ; les marchands et les collectionneurs sont systématiquement tournés vers l'option la plus sensationnelle. La difficulté est alors de faire admettre une solution qui ne va pas dans le sens des intérêts financiers du propriétaire malgré son intérêt pour la connaissance. Un marchand des Grands Boulevards auquel j'ai eu affaire il y a quelques années s'était par exemple convaincu qu'il avait mis la main sur un véritable mythe de l'histoire de l'art, un *Christ soutenu par Nicodème*, image simple où les deux figures sont superposées sur un fond neutre, qui fait rêver les spécialistes de la peinture florentine du XVIe siècle. C'est un sujet dont nous possédons de nombreuses versions qui semblent toutes dériver d'une œuvre perdue. Quelque chose dans leur style nous rappelle la main de Rosso Fiorentino, et ce marchand croyait avoir déniché l'archétype. Il en venait à refuser totalement de posséder autre chose. Rosso, florentin comme son nom l'indique, était contemporain de Pontormo, mais avait quitté Florence assez jeune pour Arezzo, Città di Castello, puis Rome d'où il fut chassé par la mise à sac de la ville en 1527. Il rallia alors Venise et finalement Fontainebleau, où il dirigea la décoration du nouveau palais du roi François Ier. Il donna naissance à une école extrêmement bizarre, mêlant influences italiennes et nordiques : l'école de Fontainebleau. J'avais pu redécouvrir à la fin des années 90 un tableau d'une perversité fascinante que j'attribuai à Rosso, ce qui avait engendré une controverse et me donnait aux yeux du marchand l'image d'un historien prêt à prendre en considération des propositions difficiles. Le marchand m'a donc fait venir, après avoir essayé en vain de faire reconnaître sa découverte. Son œuvre, extrêmement étrange, ne pouvait pas être rattachée à Rosso, mais elle méritait d'être attribuée, selon moi, à l'activité de peintre du sculpteur Baccio Bandinelli (1493-1560), un partisan de Léonard, célèbre pour avoir déchiré le carton de la *Bataille de Cascina* de Michel-Ange. Le tableau de Bandinelli n'aurait certes pas eu la même valeur marchande qu'une œuvre de Rosso, pourtant c'était une rareté, importante pour tous les historiens d'art. Le marchand a refusé de m'entendre. Il a cherché à prendre l'avis d'un autre spécialiste, qui était en l'occurrence Carlo Falciani. Celui-ci a trouvé l'hypothèse du marchand tellement abracadabrantesque qu'il n'a pas voulu y aller seul. Il tenait à le réexaminer avec moi. Les gens qui font appel à nous peuvent se montrer extrêmement désagréables quand nous les décevons, parfois même à la limite du menaçant. Ils se disent que si nous nous déplaçons, c'est que nous devons avoir un doute. Et comme nous sommes des gens éduqués, ils ne veulent retenir que le « C'est une œuvre intéressante » par lequel nous inaugurons une liste d'objections qu'ils oublient consciencieusement en revanche. Carlo m'a laissé le soin de répéter au marchand ce que je lui avais dit depuis le début. Je lui ai donc expliqué très franchement que ce tableau ne pouvait pas être de Rosso. Je me suis vu rétorquer : « Monsieur Costamagna, tout le monde le sait, vous ne connaissez rien à Rosso. »

Pourquoi me faisait-il venir ? Pour le grand malheur de l'histoire de l'art, le tableau, au lieu d'être vendu, a été remisé dans une réserve. Il y sommeillera en attendant que son propriétaire trouve un spécialiste moins scrupuleux et réussisse à faire avaliser son hypothèse.

Les visites peuvent être plus gênantes encore, comme cela fut le cas du faux portrait de Pontormo vu dans le sombre appartement du faubourg Saint-Honoré. Afin de me tirer de ce mauvais pas, j'ai dit au collectionneur-marchand que la peinture me déroutait, et lui ai suggéré de prendre conseil auprès de l'autre grande spécialiste de Pontormo, Janet Cox-Rearick. Il ne pipait pas mot, mais je comprenais bien à son regard qu'il me proposait une sorte d'arrangement tacite. Les clients, des Espagnols, sont alors intervenus. Ils m'ont remercié de m'être déplacé, m'ont dit que ce n'était pas grave, ajoutant qu'ils avaient amené un tableau dont ils m'avaient fait parvenir la photographie quelques mois plus tôt, et sur lequel ils auraient bien voulu avoir mon avis.

Je me souvenais très bien de ce cliché, que j'avais regardé d'un œil distrait et que j'avais rangé sur mon bureau avec une pile d'images attendant d'être classées, y devinant, sans plus de précision, un tableau issu du cercle d'Alessandro Allori, le meilleur élève de Bronzino. Comme il était rempli de bizarreries, et qu'il avait été repeint plusieurs fois, j'avais décidé de remettre à plus tard son examen approfondi. Le courrier était resté sans réponse. On m'a présenté le tableau et je me suis mis à l'examiner à genoux. La pénombre de l'appartement me contraignait à de multiples contorsions : on n'imagine pas quelle remarquable exposition de photographies on pourrait faire de ces postures acrobatiques que les historiens d'art prennent pour l'étude des tableaux. Sur l'œuvre, je distinguais au moins quatre couches de peinture différentes. Elles laissaient voir qu'il s'agissait d'un fragment dont les imperfections avaient été masquées par des repeints. Et, ceux-ci n'ayant pas toujours tenu, ils avaient eux-mêmes été restaurés par des interventions plus récentes. Soudain, mon regard isola une main parfaitement conservée, qui ne pouvait avoir été exécutée que par un grand artiste. Je relevai la tête, et je vis la surprise se peindre sur le visage des trois personnes alors présentes quand je leur annonçai, sans rien dire de plus : « Messieurs, c'est un tableau de Bronzino. »

La découverte eut lieu quelque temps après celle du *Christ*. Dans un tel contexte, c'était une source de soulagement extrême. Le marchand-collectionneur lui-même n'avait pas l'air mécontent de l'événement qui faisait oublier la scène embarrassante à laquelle nous venions de participer. Il s'agissait d'un *Saint Côme* qui flanquait, avec un *Saint Jean-Baptiste*, le chef-d'œuvre absolu de Bronzino, la grande *Déposition*, jadis exposée dans la chapelle d'Éléonore de Tolède du Palazzo Vecchio à Florence, et aujourd'hui conservée au musée des Beaux-Arts de Besançon. Lorsque le tableau avait été offert par Côme de Médicis au cardinal de Granvelle, proche de l'empereur du Saint-Empire Charles Quint, une copie autographe plus sobre avait remplacé l'original dans la chapelle. La magnificence du travail de Bronzino ne cadrait plus avec les exigences réformatrices de l'époque. C'est alors qu'on substitua au *Saint Côme* et au *Saint Jean-Baptiste* de Bronzino un *Ange* et une *Vierge de l'Annonciation* de la main même du maître, de part et d'autre de la réplique. Le *Saint Jean-Baptiste* avait refait surface en 1952 grâce à la perspicacité de Federico Zeri. Quant au *Saint Côme*, longtemps perdu, je venais d'en retrouver un important fragment… Il est aujourd'hui en parfait état, hiératique, de profil, sur un fond sombre, malheureusement coupé dans sa partie basse, et on a pu l'admirer à Florence, après restauration, non loin du *Christ* de Nice, lors de la grande exposition de 2010.

Les tableaux redécouverts peuvent avoir eu une histoire compliquée. Celle-ci explique qu'ils soient passés inaperçus, et c'est grâce à notre connaissance des sources et à notre sensibilité aux particularités stylistiques des peintres que nous les retrouvons. Le *Saint Côme* était masqué par les restaurations successives, qui l'avaient entièrement défiguré. Certains choix techniques surprenants ont pu être la cause d'autres longues méprises.

L'une de mes amies italiennes, historienne d'art, mais femme d'archives plutôt qu'œil, me fit part peu après cette découverte d'une hypothèse farfelue. Chez deux amis garagistes amateurs de curiosités, me disait-elle, on lui avait montré une toile étrange, qui lui rappelait un portrait de Dante peint par Bronzino au début de sa carrière, et évoqué par Vasari dans les *Vies*. Il avait dû orner les lunettes de la chambre à coucher d'un banquier florentin, Bartolomeo Bettini, qui s'était illustré au moment du siège de la République de Florence. Cependant, du temps de Bronzino, quand on décorait les murs, on procédait généralement à fresque. Les supports de toile n'étaient employés que dans le cas des étendards de procession ou des décors éphémères. Il y avait peu de probabilités qu'il puisse s'agir de l'œuvre originale. Mais mon amie tenait absolument à ce que je rende visite à ces deux garagistes. C'étaient des gens formidables, et il n'y avait que moi qui pouvais les aider avec leur tableau…

Je me retrouvai, quelques mois plus tard, sur une colline au-dessus de Florence. Les deux Italiens n'habitaient pas la propriété de petits garagistes que je m'étais imaginée, mais une grande villa rénovée, entourée de cyprès, et dominant les vallées alentour. C'était le genre de bien immobilier que seuls deux concessionnaires prospères peuvent s'offrir. Les époux, moins connaisseurs que collectionneurs, avaient rassemblé une série d'objets au gré de leur fantaisie et de leurs coups de cœur. La toile était roulée et nous sommes sortis sur une terrasse pour l'examiner à la lumière du soleil. Le portrait me frappa par sa conformité avec le contexte évoqué par Vasari. En 1532, alors que le règne désastreux d'Alexandre bat son plein, Michel-Ange, qui a été un pilier actif de la résistance de la République aux armées conservatrices de Charles Quint, exécute, pour remercier Bartolomeo Bettini de son engagement républicain, le carton d'une *Vénus et l'Amour*, qu'il destine à sa chambre à coucher. Il laisse à Pontormo le soin de le mettre en peinture, et celui-ci charge Bronzino, son élève, d'exécuter les portraits des trois grands poètes toscans ayant chanté l'amour, Dante, Pétrarque et Boccace, pour orner les lunettes de la pièce.

Le Dante de la toile, en habit et couvre-chef rouges, tranchant sur une tunique de corps aux manches et au col noirs, le visage et les mains très blancs, est assis comme un géant sur une colline, qui se détourne de Florence pour regarder en direction d'un golfe, au fond duquel brille un soleil annonçant le Paradis, et d'une montagne rappelant l'Etna, symbolisant sans doute, aussi, l'Enfer, avec des petites figures brûlant dans les flammes. *La Divine Comédie*, grande œuvre de la poésie épique toscane, fait le lien entre le génie florentin et le génie des anciens Romains. L'élément décisif dans ce portrait allégorique, à mes yeux, était que ce Dante était représenté selon le procédé des figures serpentines, inventé par Michel-Ange pour les statues des chapelles Médicis conçues à l'époque du siège de Florence, et très exploité par lui au moment de la décoration de la chambre de Bartolomeo Bettini. Le style de la figure collait au contexte indiqué par Vasari. Rien n'empêchait de penser, même, que Michel-Ange avait indiqué en personne, à Bronzino, la pose à choisir pour la représentation du *Dante*.

En outre, ce que j'avais pris d'abord pour une invraisemblance était plutôt un argument en faveur de l'œuvre des deux époux. Le support de toile permettait d'expliquer que les autres lunettes, si tant est qu'elles aient été exécutées, aient disparu. Elles n'étaient pas peintes à fresque comme nous le pensions, mais ont sans doute été réalisées sur un support fragile. Fort de ces observations, je suis parvenu à la conclusion que, outre les décors éphémères, ce *Dante* représentait, dans l'état actuel de nos connaissances, la première œuvre peinte sur toile à Florence au XVIe siècle.

Cette découverte a eu d'autant plus de retentissement que nous en connaissions le sujet très exactement. La National Gallery of Art de Washington en possède une version sur bois. Le problème de ce tableau, donné à Bronzino, est que son format rectangulaire interdit qu'il ait servi à orner une lunette. Mettant en évidence la finesse d'exécution de petites créatures que l'on pouvait observer sur la montagne infernale peinte sur la toile des deux concessionnaires automobiles, la subtilité du jeu des tonalités rouges, auxquelles Bronzino mêle subtilement le rose et le blanc, j'ai pu prouver que le tableau de Washington, d'exécution inférieure, n'était qu'une réplique postérieure, par l'atelier, de cette œuvre de jeunesse de Bronzino. La découverte a été reconnue à l'unanimité par les spécialistes. Pourtant, à l'inverse du *Côme* ou du *Christ* de Nice, la reconnaissance de la découverte n'est pas allée sans déception. L'état de conservation, en raison de son support sur toile, est médiocre. Même après restauration, ce tableau ne suscite plus le choc esthétique qu'il devait provoquer du temps de sa nouveauté. On peut admirer la subtilité de l'usage des couleurs, l'intelligence de la disposition des différents éléments dans le tableau, mais cette toile n'est plus qu'un beau souvenir. Cependant, quand il n'est pas prêté à des musées, il trône dans le salon des époux italiens. Alors qu'il n'intéresserait pas une institution, sauf pour son caractère historique exceptionnel, chez un particulier, il reste une splendide pièce décorative. Quand nous découvrons des tableaux, il est important de préserver nos sources. Nous devons respecter les volontés des privés qui nous contactent si nous voulons avoir accès à l'ensemble des tableaux qui ne sont pas répertoriés dans les musées. C'est souvent à l'occasion des expositions, et toujours en accord avec les propriétaires, que nous publions les découvertes et c'est à l'une de ces manifestations que le public put voir pour la première fois le tableau de Bronzino.

Au début des années 2000, j'ai été contacté par une avocate suisse de Genève, qui prétendait posséder un tableau de Pontormo et voulait savoir si je pouvais venir l'examiner. Comme je refuse toujours les billets d'avion qu'on me propose pour aller voir des tableaux, ce qui permettrait aux propriétaires de croire que je leur dois quelque chose, j'ai dû attendre l'hiver, époque à laquelle, sur le chemin des stations de ski, je pus faire une halte dans sa ville de résidence. Elle m'emmena avec son mari dans le sous-sol d'une grande banque genevoise située à proximité du lac. C'était un bâtiment à grande entrée de marbre, avec un mobilier design du meilleur effet, une superbe volée d'escalier qui menait aux bureaux des étages supérieurs, aux salles des coffres au sous-sol… C'était une banque suisse ! Un employé avait sorti l'œuvre de son réduit et l'avait disposée sur un chevalet, dans un petit salon. Je n'ai pas eu besoin de regarder le tableau plus de quelques secondes pour être convaincu qu'il s'agissait bien d'une œuvre de Pontormo. C'était un *Portrait de jeune homme* de moyennes dimensions, peint sur tuile, support rare à l'époque mais déjà utilisé par Andrea del Sarto. Le jeune garçon, un adolescent d'une dizaine d'années, était vêtu de noir et se détachait sur un fond brun ; le seul sujet était son visage, pour ne pas dire son regard. Il présentait indéniablement toutes les caractéristiques de Pontormo, notamment les coups de pinceau larges qui devinrent les siens à partir du siège de Florence. Je ne fis pas immédiatement part de ma découverte à sa propriétaire, j'avais trop envie de m'imprégner de cette œuvre exceptionnelle.

Ce portrait ne m'était pas inconnu. Je l'avais vu sur une photographie à la fondation Longhi au moment où je préparais mon catalogue sur Pontormo, et j'avais fait la grande erreur de le rejeter parce qu'il me semblait bizarre. Il avait été montré au public pour la dernière fois en 1956, à Florence, comme tableau du fonds Contini-Bonacossi, le marchand auquel était associé Longhi. Celui-ci disposait d'un ensemble de peintures extrêmement important. À la mort d'Alessandro Contini-Bonacossi, sa famille avait dû trouver un accord avec l'État italien, offrant certains chefs-d'œuvre au palais Pitti, obtenant le droit, en échange, d'écouler le reste de la succession sur le marché de l'art international. Stanley Moss, marchand d'art mais aussi poète que j'avais rencontré à New York à l'époque de mes premiers séjours aux USA, s'était occupé de la liquidation, et il ne parvenait plus à savoir à qui ce portrait avait été vendu, vraisemblablement avant la mort du marchand. Il m'était donc impossible d'avoir une opinion exacte du tableau et je le laissai parmi les œuvres incertaines du catalogue du peintre. Le tableau que j'imaginais d'après photographie me poussait à mettre en doute l'attribution de Longhi. Je soupçonnais, à tort je dois l'avouer, ses intérêts personnels d'avoir pu influencer son jugement. Le cliché étant de mauvaise qualité, le portrait me semblait trop étrange pour être un Pontormo, et j'y voyais une œuvre de son excentrique élève, Jacone. Mais tout cela était un mauvais raisonnement. Longhi avait sur moi l'avantage d'avoir été en contact direct avec le tableau.

À la fin, la femme se risqua à articuler quelques mots. « Je ne veux pas vous interrompre, me dit-elle très poliment… Il me semble deviner à votre regard que vous appréciez particulièrement ce tableau.

— C'est un chef-d'œuvre de Pontormo », lui expliquai-je.

L'avocate n'avait pas l'intention de vendre. Son père, qui venait de mourir, avait acheté le *Portrait de jeune homme* il y avait quelques années déjà. On venait d'effectuer le partage de la succession, et elle l'avait reçu en héritage. Je me refusai, dans cette circonstance, à lui donner la moindre estimation de valeur. En tant qu'œil, je ne suis pas habilité à m'occuper de ces questions qui concernent le marché de l'art. Je ne peux pas non plus délivrer d'expertise, parce que, en tant que conservateur, je n'ai à juste titre pas le droit de produire un document qui favoriserait la spéculation et empêcherait un musée d'acquérir un tel tableau à un prix honorable. Comme j'avais publié le tableau comme non-Pontormo, je me bornai à lui certifier son authenticité, et je lui indiquai le nom de Janet Cox-Rearick qui, en tant qu'universitaire et Anglo-Saxonne, serait en mesure de produire une attestation. Je lui dis aussi que, si elle pensait se défaire de son tableau, je lui serais reconnaissant de se manifester. Le Louvre aurait pu acquérir ce tableau d'une qualité et d'un état de conservation exceptionnels, mais aussi le Metropolitan Museum de New York, qui ne possède malheureusement pas de Pontormo dans ses collections. Nos affaires en restèrent là.

Quelques années passèrent et l'avocate genevoise reprit contact avec moi. Elle venait de se séparer de son mari et voulait vendre sans délai. Je pense qu'elle avait dû se renseigner sur la valeur marchande de son tableau et que la somme d'argent lui avait tourné la tête. « Lundi, me dit-elle, si vous ne trouvez pas d'acheteur, je le fais vendre par l'intermédiaire de Christie's. »

Nous étions un vendredi. Quand une œuvre aussi importante que celle-là refait surface, il est d'abord de mon devoir de chercher à la mettre entre les mains d'un musée. Il aurait fallu contacter au plus vite le directeur du département des peintures du Louvre, ou encore celui du Metropolitan Museum. Mais aucune institution ne peut prendre de décision dans des délais aussi courts : il faut présenter les futures acquisitions devant une commission, puis être certain de réunir les fonds. C'est alors que je pensai à un collectionneur de mes amis, Aso Tavitian.

C'est un homme qui a son réseau, ses avocats, qui est susceptible d'agir vite, en proposant un marché équitable. Il était impératif que le tableau tombe entre de bonnes mains. Par une transaction directe avec le collectionneur, tout le monde économiserait de l'argent, en s'évitant les frais prélevés par les maisons de vente.

Aso Tavitian, Arménien né en Bulgarie soviétique, d'origine plutôt modeste, puisque ses parents avaient quitté leur pays natal pour échapper au génocide, a connu l'existence d'un jeune homme doué, qui fait son chemin à travers la diaspora. Après des études au Liban, il a rejoint les USA, où, grâce à son talent en mathématiques et à une bourse qui lui a permis d'étudier à l'université de Columbia à New York, il a réussi à faire fortune. Il possède aujourd'hui un hôtel particulier dans la même ville, sur la Cinquième Avenue, en face du Metropolitan Museum. Une grande bâtisse, de goût français, à la Mansart, que sa femme a commencé à décorer, avant d'être frappée par le cancer. Après sa mort, Aso a achevé la décoration en accrochant sur les murs des tableaux ; il s'est rapidement formé à l'histoire de l'art et est aujourd'hui un collectionneur absolument unique.

Aso Tavitian représente l'inverse de nombreux collectionneurs américains qui avaient peu de connaissances. Il n'achète que selon son goût, mais s'entoure d'historiens d'art qu'il aime écouter. Aso est le seul collectionneur de peinture que je connaisse à pouvoir acheter des tableaux anonymes parce qu'ils l'intriguent. Quand il nous fait visiter sa *mansion* new-yorkaise, de pièce en pièce, il s'arrête devant les tableaux et nous teste. Il attend que nous donnions des attributions. Ce sont en général des peintres célèbres, et la tâche n'est pas trop compliquée : Parmigianino, Rubens, Van Dyck, Watteau, David ou Gros. Mais dans son escalier, il a accroché une *Tête de jeune fille* extrêmement déroutante. La première fois qu'il me l'a montrée, je lui ai répondu : « Je ne trouve pas l'époque et encore moins le lieu… » Son visage s'est illuminé. « Personne ne sait qui l'a peint, m'a-t-il dit. Pour moi, c'est le numéro 295… »

Il s'agissait de son numéro de lot chez Sotheby's, où il fut acquis. Cette anecdote montre bien qu'il est sensible à autre chose qu'aux grands noms. Hormis lui, il n'y a que les historiens d'art pour être intéressés par les anonymes. Au fil des ans, nous nous sommes liés d'amitié. J'étais donc heureux de pouvoir aiguiller le tableau vers sa collection. Lorsqu'on organise ce genre de transactions, qui ne sont dues dans mon cas qu'à la volonté de ne pas perdre le contrôle d'une œuvre et surtout qu'elle se retrouve entre les mains de personnes qui savent l'apprécier, on doit nous faire confiance. L'avocate genevoise, malheureusement, a fait exception. Elle a dû penser que j'avais un intérêt financier dans ce marché, et le nom de mon ami, avec ses consonances peu définies, a dû la désorienter. Je pense vraiment que la perspective économique de l'opération l'affola ! L'avocate contacta la maison Christie's. Aso Tavitian parvint néanmoins à récupérer le tableau, en payant exactement le prix qu'il était disposé à offrir, ce qui fit perdre au moins 10 % de frais de commission à l'avocate genevoise… Pour le bon fonctionnement de notre métier, il est essentiel que les gens comprennent que les œils ne travaillent pas pour de l'argent. Nous faisons en sorte que les œuvres tombent entre de bonnes mains, et les commissions qui entachent parfois notre métier proviennent de la vénalité de quelques-uns. Fort heureusement, ils ne nous représentent pas. Aso Tavitian m'a remercié et a réuni un certain nombre de personnalités autour d'un dîner pour fêter son achat. Le directeur de la National Gallery de Londres, la directrice de la Frick Collection de New York, une grande historienne d'art new-yorkaise, un marchand de tableaux et quelques membres de son entourage familial étaient également présents. Ce genre d'événement est extrêmement important, il montre que les intérêts des institutions et les intérêts des privés ne s'opposent pas toujours.

Pour ce qui intéresse l'histoire de l'art, l'affaire trouve ici son dénouement. Mais il manque un épilogue qui me concerne, puisque suite à la vente, je fus cité à comparaître devant le tribunal de Genève. Le frère, qui avait eu vent de la forte somme obtenue par sa sœur, réclamait le rééquilibrage de la succession. L'avocate s'était attribué le tableau lors de la succession en faisant valoir la notice de mon catalogue sur la base d'un Jacone, tout en espérant qu'elle pourrait le vendre comme un Pontormo. Les choses n'étaient pas si simples : la sœur expliqua au juge qu'ils s'étaient réparti deux tableaux, sans doute acquis pour une somme dérisoire par leur père dans une liquidation. Chacun avait selon elle une arrière-pensée : elle avait pris le portrait italien en comptant sur un Pontormo, son frère pensait tenir, avec sa toile espagnole, une œuvre de Diego Vélasquez (1599-1660). Il n'a pas eu la chance de sa sœur : son tableau provient tout au plus de l'atelier du maître espagnol. Les procédures judiciaires qui opposent le frère et la sœur sont encore en cours, mais un premier jugement a donné raison au frère. Quel que soit le dénouement de cette affaire, l'important, pour moi, est de savoir qu'un collectionneur remarquable possède aujourd'hui sur les murs de sa bibliothèque ce superbe *Portrait de jeune homme*.

Le moment d'interaction avec le marché, pour les détectives de l'art que nous sommes, correspond à celui de l'action, tandis que l'examen des œuvres qu'on veut nous montrer, avec son cortège de croûtes, équivaudrait plutôt à celui du guet et des prises en filature. Il n'est pas dépourvu d'intérêt, mais il faut de la patience et l'amour du métier pour y trouver son compte… Le hasard peut parfois précipiter les choses. L'aventure que je vais raconter me laisse penser qu'il doit exister, entre les œils et les grands marchands, de surprenantes parentés. La redécouverte d'une *Madone à l'Enfant* de Salviati en témoigne.

Un expert parisien voulait connaître mon avis sur cette œuvre dont la composition ressemblait trait pour trait à celle d'un tableau célèbre de Salviati visible au château de Windsor. Avions-nous affaire à une copie d'atelier ou à un original ? Le tableau de Windsor est sur un fond sombre, un fond de nulle part, mais la *Madone à l'Enfant* que me présentait l'expert se détachait d'un paysage mêlant ruines romaines, montagnes fantastiques et vues atmosphériques. Le paysage était magnifique. Grâce à lui, on comprenait que la *Madone* était une œuvre de jeunesse de Salviati. On pouvait le recouper avec d'autres paysages connus et documentés. À mes yeux, il n'y avait aucun doute sur le fait que c'était un original et dans mon enthousiasme je le lui ai communiqué immédiatement, oubliant qu'une telle réaction pouvait augmenter le prix de vente ! L'expert l'avait montré à d'autres personnes qui avaient prétendu, de bonne foi, que c'était une copie. C'est une pure question d'œil. On sent à la comparaison lequel des tableaux est copié. Cependant, on a toujours tendance à penser que, quand une version d'une œuvre existe dans une grande collection, elle est forcément la plus importante. Que dire lorsque cette œuvre fait partie de la collection royale anglaise ? Le fond noir du tableau de la reine s'expliquait facilement. Quand plusieurs clients voulaient à l'époque le sujet d'un peintre renommé, l'atelier en produisait une série pour satisfaire tous les commanditaires. La plupart du temps, ils étaient placés sur des fonds sombres, adaptés à l'ornement des galeries particulières et demandant moins de temps d'exécution.

Le tableau de Salviati passa en Angleterre, ayant obtenu un passeport grâce à son statut de copie. Là, quelque temps plus tard, je reçus un coup de fil de John Morton Morris, directeur de la plus ancienne enseigne de tableaux de Londres, Hazlitt, Gooden and Fox, qui possède le privilège d'arborer la célèbre *By appointment to the Queen*. « Mon cher Philippe, j'ai découvert un tableau que tu ne connais certainement pas… » Il me le décrivit succinctement et je lui répondis que rien n'était moins sûr. « Je l'ai vu il y a trois ans, à Paris ! »

À la seule évocation du sujet de son tableau, j'avais compris de quel objet il me parlait. Les grands marchands d'art anglais cherchent généralement à faire l'acquisition des tableaux avant qu'ils ne soient connus du public. Comme ils sont à la poursuite des œuvres rares non passées en ventes publiques, grâce à leurs rabatteurs, ils mettent très souvent la main sur les tableaux les plus intéressants.

« En tout cas, c'est formidable, je suis heureux qu'il soit tombé entre tes mains. »

Il est vrai que j'étais attristé que l'État français ne se portât pas acquéreur d'un tableau aussi exceptionnel, qui aurait parfaitement pu être exposé sur les cimaises de la Grande Galerie du Louvre, aux côtés des autres tableaux florentins et romains du XVIe siècle. Les personnes qui l'avaient déconsidéré avaient malheureusement rendu possible sa licence d'exportation. Il est beaucoup plus facile et beaucoup moins coûteux pour l'État d'acquérir un tableau interdit de sortie qu'un tableau en pleine circulation sur le marché de l'art international. Dans les mains de John, cependant, j'étais certain que le tableau finirait par rejoindre un grand musée.

Il était, dans ce cas très précis, extrêmement important de faire toutes les radiographies et les autres analyses scientifiques pour comprendre quel était le statut de ce tableau de Salviati, et si j'avais bien raison. Même si j'étais intimement persuadé qu'il s'agissait d'un original, les relevés scientifiques allaient permettre de corroborer mon intuition. Il s'est avéré, grâce à la réflectographie infrarouge, qui permet de visualiser des couches de carbone cachées par des pigments de peinture, que le tableau était couvert d'un nombre très important de repentirs. Les positions des pieds, des mains, des visages avaient été modifiées plusieurs fois. Le dessin à la mine de plomb absorbant la lumière, cette technique permet également de voir clairement les dessins préparatoires et dans ce cas précis, l'œuvre portait la trace d'une intense activité d'invention. L'artiste l'avait pensée, avait beaucoup hésité. En comparant les résultats des analyses scientifiques du tableau à celles de la version de Windsor, nous avons eu une belle surprise. La réflectographie infrarouge montrait un tableau extrêmement usé, exécuté d'un jet et sans rectification. Tout portait à croire que le tableau au paysage était l'original, et celui de la reine une réplique autographe, de la main de Salviati. Datant tous deux de la jeunesse de l'artiste, à une époque où il n'avait pas d'atelier, il était contraint de faire les répliques lui-même.

Si le tableau de Windsor avait appartenu à une collection particulière, la découverte de la *Madone à l'Enfant* de Salviati aurait engendré un abaissement du capital de la collection. La collection de la Couronne anglaise étant inaliénable, la question ne s'est pas posée, mais le tableau à fond noir a perdu de son prestige.

Je n'ai pas publié la découverte immédiatement. J'attendais qu'un événement scientifique justifie la rédaction d'un article, afin d'éviter les compromissions avec le marché. Plus vite que je ne pouvais l'espérer, l'occasion se présenta lorsque le conservateur des peintures italiennes de la Galerie nationale du Canada, mais aussi l'auteur de la monographie sur Rosso Fiorentino, David Franklin, organisant une exposition sur le XVIe siècle florentin à Ottawa, me demanda en 2005 si je ne connaissais pas un tableau inédit à lui proposer pour l'occasion. Je lui répondis qu'un Salviati inconnu se trouvait à Londres, encore sur le marché de l'art. En France, souvent à juste titre, les musées refusent de montrer des tableaux en vente, leur présentation publique faisant augmenter leur valeur et rendant l'acquisition plus difficile par les grandes institutions. Mais cela ne posait aucun problème aux Canadiens qui se calquent sur les pratiques des musées anglo-saxons, ne craignant pas de faire le jeu du marché de l'art. J'envoyai le conservateur chez le marchand, lesquels curieusement ne se connaissaient pas. Le tableau fut exposé à Ottawa et il m'incomba de rédiger la notice du catalogue. Le jour de l'inauguration, le tableau était accroché aux cimaises et, sur un très grand calicot annonçant l'événement à l'entrée de l'exposition, était reproduit un beau détail du tableau. Dans le catalogue, il n'y avait aucune trace de la *Madone* et de ma notice ; en revanche, les murs du musée, de l'aéroport et des principales artères de la ville étaient tapissés de la *Madone*. Franklin avait décidé d'en faire l'acquisition à l'issue de l'exposition. Il n'avait aucun scrupule à faire de la publicité localement – il lui fallait lever des fonds et préparer de futures campagnes – mais, en dehors d'Ottawa, personne n'en savait rien ; il ne fallait pas que le prix augmente, quitte à tronquer le catalogue d'exposition. Le musée d'Ottawa devint propriétaire de « mon Salviati » pour 4,5 millions de dollars américains, et je dois avouer que j'éprouvai un certain agacement quand un historien canadien m'appela pour me faire savoir qu'un quotidien local présentait le nouveau Salviati du musée comme la grande découverte de son conservateur.

Quelque peu outré, j'ai alors appelé Mina Gregori, et je me suis empressé de lui fournir à Florence un article pour *Paragone*, rédigé en deux jours, à partir de la notice. Lors de sa publication dans le *Burlington Magazine*, David Franklin était obligé de signaler cet article. Voilà de quelle manière : « Philippe Costamagna, un œil français, était arrivé, indépendamment de Michael Hirst, à des conclusions semblables. » Piètre consolation ; en fait Franklin attribuait l'attribution à son ancien professeur de Londres, Michael Hirst, connu pour avoir peu d'œil.

Par la suite, j'ai appris que le tableau de Salviati était sorti du fonds d'une noble famille corrézienne. On ne sait jamais, entre le vendeur et l'acheteur final, combien il y a d'intermédiaires. Les propriétaires d'œuvres d'art ont tendance à dissimuler leurs possessions, et on ne peut pas entrer de force chez eux pour leur soutirer des inventaires. Aussi est-il très difficile, pour qui ne fréquente pas les marchands, de savoir où retrouver les tableaux qui figurent dans les collections privées. C'est pour cela que l'œil qui veut produire de la connaissance doit apprendre à user de fine diplomatie, et accepter de frayer avec les marchands, ou d'accourir au moment des successions, au risque d'être pris parfois en zone trouble, comme cela m'est arrivé avec le portrait Pontormo de Genève… Aujourd'hui, je n'ai plus pour objectif de multiplier les publications, mais de mettre la main sur les tableaux qui transformeront le regard du public, sur les chefs-d'œuvre qui sommeillent chez les collectionneurs et dans les caves des musées et des marchands, qui n'attendent que de recevoir une identité.

9.

Ange et autres découvertes

Il est toujours difficile de qualifier une attribution de grande découverte. Il y a différents points de vue ; les historiens n'auront pas la même appréciation que le grand public. Une attribution peut représenter un pas en avant pour l'histoire de l'art et passer, à juste titre, inaperçue de tous. Par exemple, lors de sa venue à ma demande au musée des Beaux-Arts d'Ajaccio, en 2010, l'un des historiens d'art les plus prometteurs de la nouvelle génération, Daniele Benati, a réussi à mettre un nom sur une *Madone à l'Enfant* du XVIIe siècle, où depuis des années chaque *connoisseur* reconnaissait une main particulière sans pour autant pouvoir l'identifier. Il lui a suffi de l'apercevoir pour s'exclamer : « Oh ! quel splendide tableau de Vangembes… »

Je n'avais jamais entendu parler de cet artiste. Il n'est d'ailleurs connu de personne, si ce n'est de Daniele et de quelques spécialistes de son époque et de son école, celle des peintres de Ferrare, au XVIIe siècle. Jan Van Gembes, originaire de Malines en Flandres, rejoignit la prestigieuse ville de la plaine du Pô pour se dédier à la peinture, et reçut le patronyme italianisé de Giovanni Vangembes. L'anecdote a fait sourire jusqu'à la communauté scientifique mais, selon moi, cette attribution était une vraie découverte. Sortir un nom que personne ou presque ne connaît est toujours un acte formidable, surtout quand il s'accompagne, comme ici, de la présentation d'un corpus parfaitement reconstitué. Il a suffi qu'il me montre son groupe de photographies pour que son jugement devienne évident.

Ces découvertes sont une source de plaisir immense pour l'historien. Zeri a passé sa vie entière à faire de semblables mises au point. La qualité de chacun de ses coups d'œil, la force de sa personnalité ont fait le reste. Il est devenu l'un des plus grands d'entre nous, sans avoir eu besoin de faire une seule « grande découverte ». Il y en a pourtant qui font des remous, il suffit pour cela qu'elles aient partie liée avec les grands artistes. Benati n'aurait pas pu faire installer un cartel au nom de Léonard sans être aussitôt contesté. Ici, personne n'a bronché. Sa découverte n'a certes pas été assez relayée. Mais intéresse-t-elle le grand public ? Pour cette raison, bien des historiens d'art se sont essayés aux trois grands peintres de la Renaissance, à Léonard, à Raphaël, à Michel-Ange. Ils font rêver tout un chacun, mais peu d'entre nous ont vu leurs efforts couronnés de succès. Ces recherches virent souvent à l'enquête policière. Je voudrais commencer par citer deux exemples où intervient Sylvie Béguin. Ce sera une manière de lui rendre hommage.

La première trouve son origine peu d'années avant 1983, date des grandes expositions organisées pour le cinquième centenaire de la naissance de Raphaël. À cette occasion, les spécialistes ont passé en revue l'ensemble de ses œuvres documentées, avec l'espoir de remettre la main sur certaines pièces perdues. Cecil Gould, en charge des peintures italiennes de la National Gallery de Londres, a parcouru les listes d'inventaire des collections romaines, méthodiquement spoliées par les armées révolutionnaires françaises lorsqu'elles sont entrées dans la cité des bords du Tibre, en 1797. Se trouvaient dans la collection Borghèse un portrait célèbre, celui du pape Jules II, et un tableau mythique, la *Madone de Lorette*, dite aussi *Vierge au voile*, peints en pendants par Raphaël. Grâce aux numéros d'inventaire inscrits à même la couche picturale, Cecil Gould authentifia le *Jules II* de sa collection comme un original, et appliqua le même procédé aux différentes versions de la *Madone de Lorette* pour établir que le tableau original était en possession du musée Condé de Chantilly. Sa supériorité ne s'avérait pas écrasante *a priori*, mais on peut dire après restauration qu'il s'est quand même révélé meilleur que ses concurrents. Ce passage en revue des archives amena les spécialistes à rechercher d'autres tableaux perdus à la même époque. Parmi ces œuvres chahutées par les événements politiques de la fin du XVIIIe siècle se trouvaient en effet aussi deux fragments d'un retable de Raphaël : un petit ange et un démon piétiné par un saint. Raphaël les avait peints à un âge peu avancé, sans doute à seize ans. Son œuvre était destinée à orner la chapelle de l'église Santo Agostino de Città di Castello, et était dédiée au saint patron de la localité, Nicolas de Tolentino, qu'elle représentait foulant le diable aux pieds, entouré de deux anges, surplombé par Dieu le Père et couronné par la Vierge et saint Augustin, le saint patron de l'église. Malgré ces augustes protections, le tableau subit de plein fouet les ravages du tremblement de terre de 1789, qui mit à bas la chapelle et l'endommagea sans retour.

Certaines parties, récupérables, furent découpées et vendues au pape de l'époque, Pie VI, qui les installa dans ses collections. C'est là que les soldats français les trouvèrent, au nombre de cinq. Elles furent alors entreposées à l'église Saint-Louis-des-Français, entre le Panthéon et la place Navone, d'où elles devaient être acheminées vers Paris. Mais le roi Ferdinand de Naples, qui reprit la ville avec ses troupes, ne laissa pas aux autorités françaises le loisir d'exécuter ce projet. Le Cavaliere Venuti, noble napolitain mandaté par le roi pour veiller à la récupération des œuvres d'art spoliées, fit rapatrier tout ce qu'il put trouver face au Vésuve, dans les salles du musée de Capodimonte. On y voit aujourd'hui encore les deux parties supérieures du retable : Dieu le Père et saint Augustin. Les parties inférieures, elles, représentant deux anges et un démon piétiné par saint Nicolas, furent dispersées… Au moment où Sylvie préparait l'exposition, le premier ange se trouvait à la pinacothèque de Brescia. Quant aux deux autres fragments, ils avaient disparu…

C'est alors qu'on entre dans le rocambolesque. En 1981, un chauffeur de taxi vivant à Strasbourg s'est trouvé convoqué chez le notaire où l'attendaient deux femmes hautaines, à la tenue classique, caractéristique d'une certaine bourgeoisie provinciale. Leur père venait de mourir. Dans son testament figurait un troisième héritier, fils naturel dont il n'avait jamais révélé l'existence. J'ignore qui, des deux femmes apprenant qu'elles avaient un frère, ou du chauffeur de taxi sur le point de partager un important héritage avec deux bourgeoises, fut le plus surpris. Ce qui est certain, c'est que les deux femmes ne se laissèrent pas bouleverser par l'événement. Le défunt possédait une petite collection d'art ancien, et disposait d'un ensemble de peinture française. Elles abandonnèrent à leur demi-frère les pièces qui leur semblaient sans valeur, le laissant avec des tableaux auxquels il ne comprenait rien. Le chauffeur de taxi réagit à cette situation par le réflexe qui devrait être celui de tout néophyte quand il est amené à traiter avec des œuvres d'art sans y connaître quoi que ce soit. Au lieu de faire appel à un expert, il envoya les photos de son héritage au musée de Strasbourg. Parmi elles se trouvaient le cliché d'un ange signé Pérugin, le maître de Raphaël, très désagréable à regarder. Ce tableau était loin d'être l'œuvre la plus jolie du lot. Le conservateur aurait pu le rediriger vers un expert de confiance, mais il ne sut que penser du tableau étrange et, par prudence, fit suivre le cliché à Michel Laclotte, alors conservateur en chef du département de peinture du musée du Louvre. Lui-même les communiqua à une jeune conservatrice du département avec laquelle nous avions préparé la petite exposition du Palais de Tokyo, « Pérugin et ses élèves ». Il estimait, peut-être à juste titre, qu'il devait réserver ses talents diplomatiques aux tableaux de grande valeur, et qu'il pouvait se contenter de déléguer quand il s'agissait d'annoncer une mauvaise nouvelle : car il pensait qu'il s'agissait d'une croûte. Il se trouva que la jeune conservatrice était enceinte. Le jour de son départ en congé maternité, elle transmit à son tour le cliché de cet ange bizarre à Sylvie Béguin en lui demandant de prendre le temps de répondre au propriétaire, auquel elle n'avait pu communiquer ses impressions. La photographie rejoignit ainsi l'une des piles de clichés encombrant le bureau de Sylvie, et fut oubliée quelque temps, puis cette dernière reçut un coup de téléphone de Cecil Gould, qui venait d'identifier la *Madone* de Chantilly. Il lui rappela que deux des cinq fragments du *Retable de saint Nicolas de Tolentino* figurant sur les listes d'inventaire de Saint-Louis-des-Français avaient disparu, et il voulait lui proposer de fouiller les collections françaises à leur recherche. On devait pouvoir reconnaître l'ange à sa position bizarre, les yeux révulsés vers le haut...

Sylvie, selon ce qu'elle m'a raconté plus tard, l'interrompit aussitôt : « Je crois que je l'ai, je crois que je l'ai », répondit-elle simplement.

Je la vois raccrocher et se précipiter avec son chignon blond, ses petits pas rapides, d'une démarche sautillante, le long du couloir de la conservation des peintures du musée du Louvre, puis débouler dans le bureau de Michel Laclotte, la photographie du chauffeur de taxi strasbourgeois à la main… Dans la voiture – ils partirent immédiatement, me semble-t-il –, Sylvie lui expliqua que cet ange complètement repeint pouvait cacher un fragment du fameux *Retable de saint Nicolas de Tolentino*. Il devait y avoir, sur le tableau, derrière l'ange, une architecture ornée de grotesques, un réseau de petites figures décoratives. Michel Laclotte devait être très perplexe, mais on ne perdait rien à faire le déplacement. Arrivés à Strasbourg, ils retrouvèrent le conservateur du musée des Beaux-Arts, qui les conduisit chez le propriétaire du tableau. Autour d'une table en formica, dans la cuisine d'un petit appatement propret, ils patientèrent quelques instants, le temps pour le chauffeur de taxi d'aller chercher un paquet de papier journal ficelé. L'ange leur apparut. Sylvie jubilait. « C'est lui ! c'est lui ! » devait-elle lancer. Quant au chauffeur de taxi, il devait se demander de qui elle pouvait bien vouloir parler, tant ce tableau, excessivement repeint, était laid.

Ils obtinrent du chauffeur de taxi le droit d'emporter le tableau à Paris, afin de le soumettre à des analyses scientifiques. L'ange se détachait apparemment d'un fond noir, mais la réfectographie infrarouge révéla au-dessous tout ce que Sylvie avait annoncé. Sa bouche était trop charnue sur l'œuvre restaurée, ses yeux trop révulsés, la signature s'avérait fausse, on retrouvait, sous la couche picturale noire, les pigments de bleu typiques des grotesques de Raphaël. Le Louvre a acheté ce tableau au chauffeur de taxi au prix d'une œuvre de jeunesse de Raphaël. Ce n'était pas le prix qu'on pourrait attendre d'un chef-d'œuvre de la maturité de l'artiste, mais la somme suffit pour permettre au propriétaire l'acquisition de plusieurs appartements à Strasbourg. Ses deux sœurs, profondément dépitées, n'eurent pas l'audace de lui intenter un procès, conscientes de leur malhonnêteté foncière au moment du partage. Au milieu de toutes les rétrospectives consacrées à Raphaël à travers le monde, le Louvre fut le seul musée à proposer un nouveau tableau pour ce cinquième centenaire, devant les plus grandes institutions de Londres, Rome, Florence, Urbino, Madrid, Washington… Avant et après, l'historienne française a couru les colloques pour faire connaître son ange, que la communauté scientifique a surnommé « l'Ange de Sylvie ». Il a été accepté sans discussion, même si la jalousie, ici et là, a fait parfois broncher. Sir John Pope-Hennessy, le conservateur des peintures anciennes du Metropolitan Museum de New York, n'a pas pu s'empêcher de lui glisser : « Un Raphaël, oui ma chère, mais un Raphaël bébé… »

N'importe qui rêverait de retrouver un Raphaël, même bébé…

Nous n'avons jamais su comment l'œuvre avait pu arriver à Strasbourg. Sans doute un officier de l'armée française l'a-t-il rapatriée… Elle est passée de mains privées en mains privées, jusqu'au jour où elle a resurgi à la faveur de cette surprenante succession. Le fond noir s'explique par ceci qu'au XIXe siècle, on repeignait les fragments comme des tableaux de galerie quand on le pouvait. Quant à la fausse signature, on ne devait plus bien savoir à qui était dû ce tableau. Le restaurateur, reconnaissant l'atelier du Pérugin mais omettant Raphaël, y a inscrit son nom. C'est, aujourd'hui, le onzième des onze tableaux certains de Raphaël visibles sur les cimaises du Louvre.

Sir John Pope-Hennessy eut rapidement l'occasion de prendre sa revanche, en mettant la main sur un tableau que Sylvie avait passé la moitié de sa vie à rechercher. Au début de sa carrière, à l'occasion du grand recensement des possessions françaises qui a suivi la guerre, elle s'est intéressée à toutes les œuvres du XVIe siècle italien perdues et susceptibles de se trouver sur notre territoire. Parmi les nombreux ouvrages qui l'y ont aidée figurait une somme de Salomon Reinach, archéologue très connu, fondateur de l'École du Louvre, mais aussi grand amateur d'art : un *Répertoire des peintures du Moyen Âge et de la Renaissance* en six volumes paru entre 1905 et 1932. Sa passion lui ouvrait les portes de bien des collections particulières et lui permit d'établir la liste d'œuvres importantes en mains françaises, accompagnées de gravures au trait reproduisant schématiquement chacune d'entre elles. L'ouvrage est une source très utilisée par les historiens d'art. Au milieu de toutes ces gravures se trouvait un tableau dont le sujet avait particulièrement attiré l'attention de Sylvie : il s'agissait d'une Vénus allongée, sur le ventre de laquelle venait mourir un jet d'urine, provenant du sexe d'un putto à l'air gouailleur. Pendant des années Sylvie, que cette image amusait beaucoup, n'a eu de cesse de se faire montrer toutes les Vénus qu'on voudrait bien lui laisser voir. Comme Salomon Reinach avait simplement indiqué que l'œuvre était entre les mains d'un collectionneur privé français, sans préciser qui, la tâche était ardue.

La conservatrice du Louvre a sillonné la France pendant des années. Elle racontait volontiers à qui voulait l'entendre qu'elle cherchait désespérément un grand tableau du XVIe siècle, représentant un amour urinant sur une Vénus, ce qui faisait beaucoup rire. Ce tableau devait être signé de la main de Lorenzo Lotto, peintre ayant appartenu par ses peintures hétérodoxes au même courant de pensée que Pontormo. Il a produit des œuvres étranges, comme le *Portrait d'homme* de la Galleria dell'Accademia de Venise, qui a fait couler beaucoup d'encre. Il représente un jeune homme assis à une table, appuyé des deux mains sur un grand livre ouvert, entouré d'objets curieux : des pétales de fleur séchés, un billet énigmatique, une nappe bleue rappelant les manteaux de Vierge, un petit lézard. Les couleurs en sont métalliques, artificielles. Cette œuvre fascine les historiens d'art et même, plus largement, les gens de culture, à cause de l'identité inconnue du personnage portraituré et de son drame. L'auteur argentin Manuel Mujica Láinez, dans son roman *Bomarzo*, imagine que c'est le duc Pier Francesco Orsini, un mercenaire doté d'une grande fortune qui, à la mort de sa femme, Giulia Farnese, fit édifier des jardins admirés par les surréalistes : le jardin des monstres de Bomarzo. Il en tira un opéra dont la première fut censurée au Teatro Colón, à cause des turpitudes sexuelles qu'il rattachait au duc Orsini, et qui choqua les militaires.

Peu à peu, la communauté scientifique prit intérêt aux recherches de Sylvie. Elles étaient fascinantes, parce qu'on avait de la peine à imaginer ce que l'œuvre, réellement, pouvait être. Un jour Sir John Pope-Hennessy appela sa collègue française. D'un ton suave, il lâcha : « *My dear Sylvie, I have found your Venus*... »

Il venait de la faire acheter par le Metropolitan Museum. La Vénus avait de francs airs de courtisane : chevelure blond vénitien, sertie d'un diadème doré couvert de perles, et enserrée dans un drap qui fait office de voile en rappelant la Vierge. Son bas-ventre est parsemé de pétales de rose tirant vers le beige. D'une main pudique elle fait mine de cacher ses seins, tandis que le putto l'arrose d'un œil rieur. Le jet traverse une couronne de laurier au-dessous de laquelle brûle de l'encens. Le décor est fruste. Un drap rouge pendu à un arbre les préserve des regards indiscrets. Sous les pieds de l'amour, on devine une pelouse.

L'aspect érotique de l'œuvre est évident, mais on peine à l'insérer dans un contexte. De toute évidence, elle était adressée à un commanditaire qui devait l'exposer dans son espace le plus intime, un boudoir ou une chambre à coucher. Un tel tableau, en tout autre endroit, aurait fait scandale. Alors que le voile de la Vénus pourrait suggérer qu'elle représente une femme mariée, le traitement qui lui est réservé, quant à lui, ne saurait être infligé qu'à une prostituée. Se pourrait-il que ce tableau ait été offert à de jeunes époux, en guise de cadeau empoisonné ? Une foule d'hypothèses sont permises...

Malheureusement pour la France, le tableau tant recherché avait passé la frontière du pays après la publication de Salomon Reinach, pour aboutir dans une collection particulière suisse. En 1986, John Pope-Hennessy le fit acheter sur le marché de l'art américain, au moment où il venait de réapparaître. Comme souvent, c'est grâce au marché de l'art que la redécouverte était possible, même si des découvertes spectaculaires ont lieu aussi, comme pour le *Christ* de Nice, dans le fonds déjà constitué des collections publiques.

La troisième grande découverte que je voudrais évoquer, peut-être la plus illustre du siècle dernier, s'est produite le 16 décembre 1959, jour où Roberto Longhi, de passage à Paris, examina l'ensemble des photos des collections de province rassemblées par Michel Laclotte au cours des derniers mois, dans son bureau de l'Inspection générale des musées de France, alors au Louvre. Le regard de Longhi s'arrêta sur une scène de la *Flagellation du Christ* figurant dans le lot du musée de Rouen. Un marchand à Drouot avait mis la main sur elle à la sortie du fonds du collectionneur parisien Jean Descaussin, en 1950. Le musée de Rouen l'avait ensuite acquise en vente publique, et venait de la ranger au sein de sa collection sous le nom de Mattia Preti, un peintre caravagesque napolitain du XVIIe siècle. Quelque chose dans la photographie du musée de Rouen rappela à Longhi la main du Caravage lui-même.

Le lendemain, il montait dans l'automobile de Michel Laclotte avec un troisième historien d'art, André Berne-Joffroy, qui venait de publier un livre sur le Caravage.

Michel Laclotte rapporte l'épisode – en des termes qui font rêver tout admirateur de Longhi – dans son autobiographie, publiée en 2003. Arrivé à Rouen, celui-ci se serait lancé dans de grandes explications, gesticulant, retournant le tableau en tous sens, avant de désigner à ses compagnons un faisceau de lignes fendant la couche picturale. On les décelait en exposant la surface du tableau à une lumière rasante, qu'on obtient simplement en présentant le tableau en coupe, parallèlement au faisceau d'une source lumineuse. Cela tenait lieu, à ses yeux, de signature. Comme le Caravage ne dessinait pas, il traçait le contour des figures de cette manière sur la peinture et le tableau portait son empreinte.

Dans le récit qu'il donne de cet événement, André Berne-Joffroy décrit les circonstances de manière légèrement différente. Peut-être cet événement précéda-t-il les gesticulations qui ont marqué Michel ? Après avoir regardé le tableau de loin, Longhi s'en serait approché, aurait demandé qu'on lui apporte de l'eau pour en frotter l'oreille d'un des bourreaux et, une fois la poussière ôtée, se serait retourné en disant : « Messieurs, c'est un tableau du Caravage. »

André Berne-Joffroy insiste sur cet épisode. Longhi, selon lui, savait, au moment même où il considérait le tableau en silence, qu'il avait retrouvé une toile de son peintre le plus cher. Le coup de l'oreille n'aurait été qu'une mise en scène, un tour de passe-passe lui permettant de se prononcer. Évidemment, Longhi devait déjà s'être fait son avis avant de faire venir la bassine. Aussi étonnant que cela puisse paraître, l'attributionniste comprend au premier coup d'œil, et explique ensuite cette évidence au moyen d'éléments tangibles. Que cet élément ait été fourni par l'oreille, par l'incision de la peinture, ou par ces deux choses à la fois, cela revient au même. L'oreille faisait partie de sa grille de critères, de même que les traces du manche du pinceau. Si ces éléments avaient manqué, il aurait pu se mettre à douter. Cela ne veut pas dire qu'il se soit laissé convaincre par une simple oreille, par une vulgaire trace dans la couche de peinture, mais que ces indices confirmaient son pressentiment.

Dans l'article de *Paragone* où il fait état de l'événement, Longhi avance que ce tableau figurait dans la collection de Scipion Borghese, le commanditaire du Caravage, et qu'il disparut aux alentours de 1693. C'est, à mon sens, une supposition gratuite. Nous ne savons pas à quoi ce tableau ressemblait, et nous n'avons aucun numéro d'inventaire. Cela est symptomatique, en revanche, de la forme que prend la certitude quand elle doit être publiée. Longhi a été persuadé par la technique du Caravage et par la force du tableau. Le reste était un moyen de défendre une attribution très controversée, car il existait, en Europe, pas moins de deux versions concurrentes de ce même sujet. Rien de ce que nous savons de la biographie du Caravage ne permet de corroborer ou de réfuter l'une ou l'autre. Nous n'avons ni signature ni documents. Seule la compréhension de la technique et de la pensée du Caravage soutient cette attribution. Malgré ces difficultés, celle-ci a gagné un nombre croissant de partisans. Le tableau a été exposé en 1965 à Paris, à Cleveland en 1971, à Naples en 1985, avec une notice dans le catalogue de Mina Gregori, qu'elle se chargea de rédiger en personne. Pour Michel Laclotte, alors en plein recensement des fonds des musées de province, cette découverte était une preuve de l'utilité d'une telle entreprise, et montrait aux historiens d'art français l'importance d'une méthode, celle de son maître Roberto Longhi, alors encore contesté.

Malgré le travail minutieux auquel les jeunes conservateurs de l'après-guerre se sont livrés, il n'est pas impossible que quelques chefs-d'œuvre soient passés entre les mailles de leur filet. Le *Christ* de Nice vu à l'époque, reconnu en 2005, en est le meilleur exemple. Il n'empêche qu'aujourd'hui, le centre de gravité de nos recherches s'est déplacé. Elles deviennent de plus en plus exotiques. Les petits musées de l'ancien bloc soviétique, les collections particulières du continent américain, les châteaux anglais figurent en tête du hit-parade des nouveaux lieux de découverte. On y trouve aussi des palais de maharajas ou encore des hôtels de luxe sur toute la planète. Le XIXe siècle industriel a fait voyager le patrimoine, et pas seulement à destination des États-Unis. Mais nous commençons seulement à nous en rendre compte. Dans les réserves du musée de Bakou, en Azerbaïdjan, à Almaty, au Kazakhstan, où j'ai organisé une exposition sur l'art français, j'ai remarqué un certain nombre de tableaux italiens qui mériteraient d'être étudiés de près. Leur qualité laisse penser qu'ils n'ont aucune raison de rester plus longtemps méconnus. Les historiens de l'art occidental ne s'attendent pas non plus à trouver un important tableau ferrarais du XVIe siècle dans la galerie Sir Ratan Tata, aïeul de l'actuel capitaine d'industrie du même nom, dans l'ancien musée du Prince de Galles à Bombay. Comme aux États-Unis, les riches des pays en voie d'industrialisation éprouvaient le besoin d'asseoir leur prestige en se constituant, avec des œuvres glanées lors de voyages en Europe, des collections, mais aussi en pourvoyant de tableaux les musées locaux. Aux États-Unis, dans les lambris des *mansions* de Newport, des œuvres sommeillent qui n'attendent encore que d'être divulguées. En France même, il a fallu la réfection du Ritz de la place Vendôme, en 2013, pour qu'on s'avise, à l'occasion de l'inventaire du mobilier, qu'une huile superbe ornant les murs de la suite Coco Chanel était un *Sacrifice de Polyxène* de Charles Lebrun, le grand peintre de Louis XIV. Alors même qu'il portait le monogramme de l'artiste à même la couche picturale, il était resté inexplicablement inconnu des historiens d'art jusque-là. Il faut, en somme, être prêt à se laisser surprendre, accepter de fréquenter les lieux les plus insolites et les plus reculés de notre monde.

Dans les châteaux anglais, on a aussi la chance de se trouver confronté à des collections très riches. Elles se transmettent sans s'amenuiser, au fil des successions : par la loi de la primogéniture, les collections reviennent avec le château et ses terres au fils aîné. Leurs fonds ont été, la plupart du temps, mal étudiés, à cause de leur difficulté d'accès. Les lords y résident, et quand ils les ouvrent à la visite, cela ne peut se faire que pendant l'été. Même ainsi, on a parfois l'impression d'y jouer les intrus, alors qu'ils sont officiellement ouverts au public. Lors d'une visite au château de Lord Bucklow (prononcer *beucklou*) en Écosse, j'ai eu bien du mal à examiner une *Vierge au fuseau* de Léonard, qui avait à elle seule motivé mon déplacement. Elle est souvent citée comme originale, et je voulais me faire mon avis sur la question. Les visites se font en petits groupes, avec un guide, qui fait passer à intervalles réguliers les visiteurs d'une pièce à l'autre. J'ai dû faire trois fois le tour du château et parlementer avec les dames guidant le public pour obtenir le droit de l'observer à mon gré. « Que voulez-vous ? me demandaient-elles.

— Savoir s'il s'agit d'un vrai ou d'un faux Léonard, tout simplement… »

À mon grand embarras, une semaine plus tard, la *Vierge au fuseau* était volée ! Nul besoin de préciser que je suis absolument hors de cause. D'ailleurs cette Vierge, selon moi, n'était qu'une copie contemporaine.

Mais n'oublions pas aussi que les plus anciens lieux de découverte, les églises, réservent encore de belles surprises. Dans les plus importantes comme les plus reculées, on n'a jamais cessé de faire des découvertes. Je peux en témoigner : il y a bien des raisons qui peuvent amener une œuvre religieuse dans l'endroit le plus surprenant… C'est le cas de l'église de Vico en Corse, village de mes amis Biancarelli, chez qui je me rends depuis mon enfance. Elle a toujours été riche en tableaux anciens, car Mgr Casanelli d'Istria, originaire du lieu et évêque de Corse au temps du Second Empire, a prélevé des œuvres au musée d'Ajaccio, provenant des collections du cardinal Fesch, pour décorer l'église de son village natal. Il suffit de passer la porte de cette grande église de village néobaroque pour se retrouver au milieu d'un décor digne d'une opulente église italienne. Un jour, je m'y rendais en compagnie de mes amis corses, pour faire un énième état des lieux. Dans la sacristie, j'ai vu un beau panneau, retourné contre le mur. Il comportait un numéro d'inscription ancienne, qui faisait penser à un numéro d'inventaire. Nous avons retourné ce support qui ne pouvait être que celui d'un tableau : c'était bien une œuvre peinte, à la face couverte de taches blanches, opacifiée par cette maladie des vernis qu'on appelle le chanci. Malgré l'état de conservation, je pus y discerner un *Saint Jérôme*, et je reconnus un tableau florentin du XVIe siècle, sur fond de paysage. Je pensai immédiatement à Vasari, à cause de son style assez dur : les traits accusés du visage ressortaient sous la couche de vernis décatie. Je mouillai le bout de mon doigt pour l'appliquer sur la peinture. C'était bien du chanci : la blancheur se dissipa, car il disparaît à l'eau. Au moyen d'une éponge et d'une bassine, je le nettoyai entièrement, puis, prenant le recul nécessaire, il m'apparut indubitablement que ma première impression était la bonne. Nous étions incroyablement excités, et nous nous sommes aussitôt rendus chez le maire.

La municipalité a pu lever les fonds nécessaires à sa restauration. Les repeints enlevés, les lacunes comblées, les traces d'usure estompées dans la mesure du possible ont livré un tableau certes fatigué, mais surtout rendu visible une belle découverte. Un tableau tout de même issu de la main de l'un des personnages les plus importants de l'art italien du XVIe siècle. Il est le fait d'un excellent dessinateur, et de l'un des plus grands décorateurs de Florence. C'est un exemple emblématique du genre de découvertes qu'on peut faire dans un lieu, certes isolé, mais familier et pas du tout lointain. Quand on pense que les églises corses ont été, au total, dotées de plus de cinq cents tableaux prélevés sur le fonds Fesch, que personne ne s'est jamais lancé dans l'exploration méthodique de ces sites, on se dit qu'ailleurs, dans les recoins rocheux de l'île, pourraient sommeiller plusieurs merveilles.

Toutes ces aventures ont un charme bien romanesque… Il est parfaitement normal que nous prenions un grand plaisir à les évoquer. Je pense que c'est aussi ce qui, dans notre métier, séduit le plus le grand public. Il ne faudrait pas, cependant, penser que la chasse aux grandes découvertes soit notre vocation première, ou encore notre souci le plus quotidien. Federico Zeri a porté l'un des regards les plus précieux de tout le XXe siècle sur l'art italien et il n'en a jamais fait. Longhi, lui, jouissait de tout son prestige avant de mettre la main sur la *Flagellation du Christ*. Ce qu'il a donné de plus durable, ce qui reflète son engagement intellectuel et sa pensée, c'est sa monographie sur le Caravage plutôt que ses attributions. Le plus grand honneur auquel un œil puisse prétendre reste quand même d'être reconnu par ses pairs.

10.

Les risques du métier

Notre métier nous amène à produire des documents qui doivent faire progresser la connaissance : les articles d'attribution dont nous avons parlé. En tant que tels, nous jouissons des droits attachés à l'exercice de la liberté intellectuelle, et, au premier chef, de celui de se tromper. Notre position d'érudits nous maintient donc en principe à l'écart des conséquences financières lourdes que des erreurs peuvent entraîner sur le marché de l'art. Néanmoins, comme on le sait déjà, les marchands sont toujours venus tenter les œils, dans le but de tirer parti de leur prestige pour rassurer leurs clients et les disposer à payer de très fortes sommes. Ils cherchent à obtenir d'eux des documents bien différents de ceux qu'ils produisent d'habitude, pour lesquels ils sont prêts à les payer grassement, mais qui engagent jusqu'à leur responsabilité juridique. Ce sont les expertises, des documents qui, en principe, ne devraient émaner que d'experts patentés. À la différence des œils, en effet, ceux-ci ont pour tâche de permettre aux grandes maisons de vente aux enchères, Christie's, Sotheby's, de céder leurs tableaux aux acheteurs sous le nom le plus prestigieux possible. Ils ont une méthode de travail entièrement différente de la nôtre. Ils peuvent bien sûr avoir de l'œil, mais le plus souvent il se contentent d'opérer une synthèse de travaux existants, assortie de quelques analyses scientifiques, afin de répondre, positivement ou négativement, à la question de savoir si, oui ou non, on peut donner un tableau au maître pressenti, et bien évidemment désiré par les maisons de vente. Les documents qu'ils produisent leur valent un pourcentage sur chaque transaction effectuée. Il est vrai qu'ils prennent également de gros risques : en 2010, quand le faussaire allemand Wolfgang Beltracchi a été arrêté, le conservateur du centre Pompidou, qui s'était laissé abuser par ses faux Mondrian, put se tirer des accusations de collusion en montrant qu'il était de bonne foi, tandis que les experts authentificateurs, également dupés et vraisemblablement de bonne foi eux aussi, eurent, dans d'autres cas, d'importantes sommes d'argent à rembourser.

Les procédures judiciaires sont devenues si fréquentes depuis un certain nombre d'années qu'on peut se demander si certains collectionneurs n'y prennent pas un plaisir pervers, l'excitation du procès prolongeant le vertige des salles de vente. Pour cette raison, les experts se doivent d'être assurés, sans quoi ils courraient à leur propre ruine. Pour notre part, si nous nous engagions par écrit vis-à-vis d'un marchand ou d'un acheteur, on pourrait nous poursuivre en cas d'erreur, au même titre qu'eux. C'est peut-être aussi pourquoi nous évitons presque systématiquement de le faire, et ce d'autant plus que nous avons affaire à des tableaux potentiellement chers, voire très chers, dont le prix varierait du simple au centuple du fait de nos appréciations.

Pourtant, il est arrivé que des historiens d'art fassent des expertises. Ces pratiques ont signé le début de la disgrâce de notre métier d'œil. Berenson en fut l'initiateur et procurait à Joseph Duveen des attributions écrites afin d'établir sur sa seule foi la paternité des tableaux mis en vente par le marchand. Ces documents sont devenus éminemment critiquables, et cela s'aggrave du fait que certaines de ses expertises nous paraissent aujourd'hui inconcevables. On en est arrivé à lui reprocher d'avoir gonflé des attributions pour Joseph Duveen et d'avoir mal conseillé Mme Gardner dans plusieurs cas, lui faisant payer à prix d'or des œuvres de peu de valeur, qu'on a même parfois suspectées d'être fausses. Pourtant, toutes les investigations menées en ce sens ont eu plutôt tendance à le disculper. Il y a par exemple un *Portrait de Philippe V* attribué par Berenson à Vélasquez, dont on a dit longtemps qu'il était une réplique voire un faux, et dont une analyse scientifique de 2011 a démontré qu'il n'était ni l'un ni l'autre. Cette position suspecte ne signifie pas qu'il était malhonnête. Il se mettait seulement en situation de voir interférer ses intérêts personnels et la qualité de son regard scientifique. Dans une certaine mesure, l'autorité de ce regard en a pâti. Ses listes, mettant à l'écart les exigences argumentatives propres à l'histoire de l'art, ont permis à certains d'affirmer qu'elles étaient de simples compilations d'expertises, oubliant qu'elles reflétaient avant tout sa pensée. En étudiant sa photothèque, en retraçant le classement de chacun des clichés sur lesquels il notait des attributions de sa main, on se convainc qu'il croyait aux attributions qu'il faisait, même quand elles nous semblent contestables. Berenson avait la passion de l'attribution, et la cohérence de sa vision de l'art italien dans son ensemble, l'organisation de sa photothèque, qui correspond aux attributions qu'il a données à Mme Gardner, ne permettent pas de penser qu'il avait envie de la tromper. Même si nous ne comprenons plus certains avis, sortis de leur contexte, il ne faut pas oublier que la connaissance d'aujourd'hui n'est plus celle de son temps, qu'elle s'est développée, et que nous ne pouvons pas lui faire de procès d'intention sur la base de certaines erreurs. En fait, cette remise en cause de l'intégrité de Berenson, plutôt récente, a été motivée par l'observation de ce qui se pratique dans notre métier aujourd'hui par des gens beaucoup moins scrupuleux que Berenson. La double position de l'œil-expert est la porte ouverte à tous les débordements. Cette position a toute une histoire et se poursuit avec Longhi qui faisait sur papier à en-tête des expertises qu'Alessandro Contini-Bonacossi montrait à ses clients éventuels.

Il est évident que, depuis Berenson, les œils sont les seuls historiens d'art qui s'enrichissent. Leurs comptes en banque bien garnis, leur grand train de vie, certaines mondanités tapageuses, des collections somptueuses, tous caractères rappelant le profil des grands marchands, ont alimenté les murmures de personnes malintentionnées, peut-être simplement jalouses. En dehors de toute casuistique, l'œil ne devrait pas prêter le flanc aux critiques en proposant des expertises. Dès le moment où les marchands peuvent approcher un acheteur en lui disant : regardez, j'ai une lettre de Roberto Longhi, l'historien d'art bascule du mauvais côté de la frontière qui le sépare de l'expert, et les soupçons de vénalité naissent automatiquement. La ligne à tenir est la suivante : l'expert, le particulier ont recours à l'historien d'art quand ils ont besoin de cataloguer une pièce pour une vente publique, mais par déontologie l'historien d'art ne devient jamais un expert, et laisse à d'autres le soin d'établir les documents et de prélever les commissions. C'est une norme qui heureusement tend désormais à s'imposer. Pour éviter à l'histoire de l'art attributionniste de se transformer en antichambre du marché de l'art, le *Burlington Magazine*, la plus prestigieuse des revues d'histoire de l'art, exige que tout article de *connoisseurship* portant sur un tableau appartenant à un privé soit assorti d'un engagement à ne pas le vendre dans les trois ans. L'imperméabilité de l'expertise et de la connaissance est ainsi garantie, du moins est-on en droit de l'espérer...

Afin de mieux comprendre les défis lancés à l'intégrité des œils, il convient donc d'examiner leurs premiers tentateurs, ces marchands qui menacent aujourd'hui la réputation des plus grands d'entre nous, et qui en ont mené tellement à leur perte. Tout d'abord, on ne peut pas nier leur instinct extraordinaire, leur flair. Ils courent les successions, les ventes publiques et privées, les déballages et les marchés aux puces. Les tableaux y sont présentés en vrac, et ils savent immédiatement isoler les objets à saisir. Ils en évaluent l'état de conservation. Ils voient quand un tableau est beau, ils voient aussi si c'est une valeur sûre. Un saint austère, vêtu de bure, les yeux révulsés, ne se vend pas aussi facilement qu'une Cléopâtre jetant une perle dans une coupe, scène dont l'aspect fascinant n'a jamais été démenti. Ils devinent le siècle et l'école, souvent ils ont aussi leur petite idée sur l'artiste. Mais ils se trompent fréquemment, voulant à toute force les rattacher aux plus grands maîtres. Il faut donc que leurs intuitions soient validées par celui qui a étudié l'artiste, l'auteur du catalogue raisonné le plus récent s'il existe. Plus l'artiste ancien est important, moins les marchands trouvent d'œils prêts à s'engager. L'enjeu commercial, très fort, nous intimide. Nous ne sommes pas formés pour avoir une opinion sur la valeur financière des œuvres d'art, et nous sommes déconcertés lorsqu'on apprend qu'elle peut valoir 20, 30, 40 millions d'euros. Cela nous place face à des responsabilités qui ne sont pas celles du savoir, et dont nous n'aimons pas trop nous mêler, hormis certains... C'est sans doute une autre raison de mon goût pervers pour les petits artistes. Pourtant, il faut bien, parfois, savoir faire des découvertes, et on ne peut se dérober à ces sollicitations pressantes toute sa vie !

Au-delà des cas spectaculaires que j'ai déjà évoqués, un nombre certain de marchands m'ont montré des œuvres qu'ils espéraient être de Pontormo, de Bronzino, de Salviati. J'avais souvent le devoir de les décevoir, en leur démontrant qu'ils ne possédaient pas un Pontormo, mais un Jacone, pas un Bronzino, mais un Allori, qu'un dessin qu'ils pensaient être de l'un de ces grands maîtres avait été esquissé cinquante ans plus tard. Ce ne devrait pas être ce qui importe, parce que la feuille ou le tableau restent les mêmes mais, pour un marchand, le nom change le prix du tout au tout. C'est une logique absurde. Une œuvre de Jacone peut être d'une qualité exceptionnelle. Qu'à cela ne tienne, entre ses productions et celles de Pontormo, l'acheteur verra sa facture se gonfler d'un zéro ou deux. D'où cette mauvaise image des œils : certains d'entre eux se sont conformés aux logiques insensées du marché, et les alimentent sans scrupule... Celles-ci existent parce qu'il est vrai qu'aux puces, dans les sous-sols de l'Hôtel Drouot, rue de Richelieu, dédié à la vente aux enchères, dans le bric-à-brac, dans le fatras, l'œil exercé peut dénicher des chefs-d'œuvre que personne n'attendait. Ces fatras sont un tel mythe pour nous que des formules comme « Je ne l'aurais pas regardé à Drouot ou aux puces », « Je serais passé à Drouot sans le voir », nous servent couramment à commenter certains tableaux des expositions qu'on visite, quand nous les trouvons *a priori* médiocres, ou très difficiles à comprendre et que, pourtant, dans un tel contexte, ils prennent tout leur sens.

En 1998, alors que je travaillais à I Tatti sur les œuvres de Bronzino, m'est arrivé, par un expert anglais, un tableau que lui avait montré un couple de jeunes gens, payé une somme dérisoire dans un marché aux puces. Ils venaient de se séparer et voulaient le revendre. L'expert a compris qu'il était devant une œuvre extrêmement importante du XVIe siècle, un *Saint Jean-Baptiste à la source*, qui, tout en regardant le spectateur, porte à ses lèvres une coupe remplie de l'eau dont il va s'abreuver, thème classiquement florentin. En spécialiste du dessin, il a pensé à Pontormo : l'une de ses feuilles éblouissantes, à la sanguine, conservée à la Galerie des Offices à Florence, traite le sujet de la même manière. Mais, devant la photographie, j'ai eu un choc. C'était l'une des œuvres les plus pures et les plus extraordinaires de Rosso Fiorentino. Ce fut la première que je lui attribuai. C'était une œuvre exceptionnelle, où les spécialistes ont eu de la peine à me suivre. Le traitement des mains effilées, les bulles formées à la surface de l'eau s'étalant à ses pieds pointus, presque crochus, son regard déroutant, saillant entre des mèches tombantes de cheveux peints fil à fil, faisaient qu'il ne pouvait s'agir à mon sens que de l'une de ses œuvres.

Les gens des puces ou de Drouot, comme les héritiers ou les acheteurs occasionnels, n'ont donc pas toujours une idée bien précise des marchandises qui passent entre leurs mains, et ces marchandises peuvent être extraordinaires. Si une œuvre est aiguillée dans une mauvaise vente et qu'ils s'en rendent compte, ils doivent déterminer la bonne attitude à adopter. À l'annexe de Drouot-Nord, située dans le quartier de la Goutte-d'or, où l'on vend principalement des télévisions et des appareils ménagers issus de petites liquidations, un tableau remarquable est apparu en 1993, avant d'être retiré *in extremis* par son propriétaire, parce que le commissaire-priseur s'était rendu compte, peut-être à la mine étonnée d'un visiteur, qu'il allait présider à une transaction peu commune. En fait, dans le milieu de l'art s'était répandue la nouvelle que cette œuvre, qui représentait un *Saint Jean-Baptiste dans le désert*, était un chef-d'œuvre de Georges de La Tour. Les marchands, les collectionneurs allaient se déplacer en masse pour en faire l'acquisition. Certains marchands new-yorkais avaient, dit-on, réservé leur place dans le Concorde pour arriver à temps à Paris. Le propriétaire retira le tableau de la vente et le représenta chez Sotheby's, à Monte-Carlo, dans une vente cataloguée. Ce fut une grave erreur de sa part. L'effet de surprise aurait renforcé la spéculation ; une fois l'émoi passé, le tableau a été vendu à son prix normal, et le conseil général de la Moselle a pu en faire l'acquisition pour le musée Georges de La Tour de Vic-sur-Seilles.

Je fréquente Drouot le moins possible car, pour des raisons évidentes, je ne tiens pas à encourager ma tendance collectionneuse, commune à tous les œils. Ce grand hôtel de vente a été inauguré sous le Second Empire, dans le quartier des Grands Boulevards, rue de Richelieu, à l'initiative de la société des commissaires-priseurs de Paris. En plus des ventes cataloguées, tous les jours de la semaine, dans plus d'une vingtaine de salles, si l'on inclut l'annexe de la rue Doudeauville, des commissaires-priseurs y procèdent à des liquidations pour le compte de particuliers, sans aucune expertise préalable, et sans catalogue. Si l'on veut en connaître les lots, il faut se rendre sur place, et fouiller dans les bannettes, car ceux-ci ne sont pas visibles plus d'un jour à l'avance. Les objets s'y déversent tout au long de l'année, et on les emporte au même rythme, à la différence des grandes maisons de vente aux enchères anglo-saxonnes, aux protocoles et aux calendriers bien réglés. On devine qu'il est possible, pour cette raison, en comptant un peu sur la chance et beaucoup sur la vivacité de son œil, d'acquérir à bon prix des toiles qui se revendent des millions chez Sotheby's ou Christie's à Londres et à New York.

Drouot est ainsi devenu un carrefour central du marché de l'art en France. C'est en même temps un endroit extrêmement dangereux. L'illusion de faire des bonnes affaires peut devenir une drogue. On y croise une foule de gens en habits râpés ou colliers de perle, les marchands y dépêchent sans cesse leurs rabatteurs. Sur un coup de tête, on peut s'engager dans une escalade insensée. On y croise certains historiens d'art, qui se poussent parfois à faire des folies... Ils rejouent ainsi la grande histoire des Berenson, Longhi, Zeri et de leurs collections. Avec leur goût, peut-être, mais certainement pas avec leurs moyens... Et c'est pour cela que Drouot est potentiellement un lieu de perdition.

Néanmoins, il serait trop facile de faire preuve de pruderie à l'égard du marché. Il apporte tant d'œuvres remarquables que, quand un tableau nous est présenté, nous devons savoir l'accueillir, sans quoi on ne nous montrerait plus rien. Il serait impossible de rester silencieux, de remercier le propriétaire et de rédiger un article pour la communauté scientifique sans le tenir informé du contenu. Le propriétaire compte quand même parmi les principaux intéressés. Il y a alors deux cas principaux auquel je peux me trouver confronté. Dans le premier cas, l'artiste n'est pas celui auquel le marchand prétend. Ce genre de situation n'est pas gênant, surtout si la nouvelle attribution n'assigne pas à l'objet de valeur supplémentaire. Le marchand ne me doit rien, je ne vais certes pas dans son sens, et je l'ai renseigné. Dans le second cas de figure, le tableau est effectivement celui d'un grand maître. Il a alors une vraie valeur financière, et, que ce soit celui qu'il attendait ou un autre artiste exceptionnel, je m'engage sur la corde tendue au-dessus du précipice. Car, malgré tout, fournir un service de cette nature, en tant que tel, exige une rétribution. C'est une question qui se négocie au cas par cas, en fonction de chaque situation. Elle a d'ailleurs une solution différente pour les œils qui ne sont pas universitaires ni conservateurs. Les œils indépendants, en effet, se doivent simplement de préserver leur réputation. Rien ne s'oppose à ce qu'ils perçoivent une commission, à condition qu'ils la déclarent au fisc. Pour les œils universitaires et conservateurs, le problème est autrement plus épineux. Les universitaires pourraient toucher des commissions, mais ils sont, par leur conscience morale, soucieux de servir l'État qui les rémunère. Ils mettent alors souvent les marchands en contact avec les musées publics qui, à leurs yeux, sauront faire bon usage de la rétribution. Mais en Angleterre ou aux États-Unis, ils peuvent se comporter de la même façon qu'un œil indépendant. Quand j'ai attribué à Bronzino ou à Pontormo, Janet Cox-Rearick s'est portée caution, produisant les documents dont je m'interdis la rédaction et se faisant payer. Pour ce qui me concerne, comme pour tout œil conservateur, je suis rigoureusement tenu par mon statut. Nos compétences doivent permettre aux musées d'acquérir des œuvres à moindre coût. Dans l'idéal, il faudrait faire acheter l'œuvre comme si c'était une pièce ordinaire, et ne lui conférer son statut d'œuvre de maître qu'après coup, en accrochant le cartel. Mais comme les marchands se doutent de ces situations, la solution n'est presque jamais aussi simple. Nous leur communiquons la plupart du temps, par honnêteté, la teneur de la découverte avant la transaction. Nous le faisons gratuitement et en échange, dans la négociation, nous pouvons faire valoir le caractère éthiquement respectable d'une vente aux musées, en aboutissant à des concessions financières de part et d'autre : le musée paie l'œuvre à un prix plus élevé que s'il n'avait pas informé le marchand, mais celui-ci accepte de la céder à des conditions largement préférentielles. Quand ce type d'opération se réitère, la reconnaissance des marchands peut aller plus loin. Un *Portrait de François Ier en saint Jean-Baptiste* peint par Clouet en 1518 a été récemment offert par les fils Wildenstein, héritiers de Daniel Wildenstein, l'un des plus célèbres marchands d'art ancien du siècle dernier, en marque de reconnaissance à l'État français. Ce n'est que le dernier d'une longue série : les collections nationales se sont plusieurs fois enrichies de cette manière.

Nos attributions font que les tableaux atteignent parfois des sommes astronomiques, ce qui rend difficile l'acquisition par une institution publique. Il nous faut donc être extrêmement prudents quand nous publions, nous assurer que les tableaux sont déjà tombés entre de bonnes mains. Il faut aussi tenir compte de la conjoncture. En période de crise, les musées ne peuvent pas débloquer des fonds importants, mais en situations plus favorables, cela peut être possible. Quand les musées ne sont pas en mesure de procéder à un achat dans les délais, il leur faut accepter de laisser filer. Barbara Piasecka Johnson, cette jeune femme d'origine polonaise devenue célèbre depuis la succession au terme de laquelle elle se retrouva seule détentrice de tout l'empire pharmaceutique Johnson & Johnson, a ainsi profité d'une situation de creux pour s'emparer, au nez et à la barbe des grands musées, de deux dessins de Raphaël issus des collections du château de Chatsworth, parmi lesquels une *Tête d'apôtre* ayant servi d'étude préparatoire à la *Transfiguration du Christ*, visible au Vatican, et mise à la vente chez Christie's Londres par le duc de Devonshire, à court d'argent pour assurer la maintenance de son immense propriété. La somme de 3,3 millions de livres constituait en 1984, année de l'adjudication, un record de prix absolu pour les dessins de maître ancien. Quand elle s'est trouvée financièrement acculée par le rachat des chantiers navals de Gdansk, cette *Tête d'apôtre* est repassée en vente publique où elle a été rachetée, cette fois, par le J. Paul Getty Museum de Los Angeles. On ne peut que se réjouir qu'une telle œuvre ait rejoint les collections d'un grand musée. On espère toujours que les chefs-d'œuvre finiront par y entrer. Mais il ne faudrait pas penser pour autant que chaque fois qu'une œuvre est mise en vente, elle doit forcément revenir à une institution publique. Le marché de l'art est une bonne chose : les œuvres tournent, ce mouvement entretient l'activité et la curiosité des amateurs, elle permet *in fine* de faire des découvertes.

Dans certains cas, on se trouve confronté à des marchands plus ou moins honnêtes et à des historiens d'art corruptibles. Nous parlerons ici uniquement des cas les plus célèbres, ceux qui portent sur les Léonard, les Raphaël, les Titien, qui sont les artistes les plus chers mais aussi les plus copiés au cours des siècles. Toute collection se devait de posséder leurs œuvres. Les rabatteurs des princes et des cardinaux, au XVIIe et au XVIIIe siècle, quand ils ne les trouvaient pas, compensaient par des copies. Celles-ci étaient parfois plus chères que les tableaux connus des artistes contemporains ne jouissant pas du même prestige. Face à leur nombre quasi infini, la tentation est grande pour le marchand de dire qu'il possède l'original, et que le musée ne détient qu'une seconde version, de trouver, aussi, un historien d'art pour étayer ses dires ; le subterfuge est d'autant plus facile que de leur vivant, les ateliers ont aussi reproduit leurs œuvres qui avaient le plus de succès.

C'est ainsi que Carlo Pedretti, l'un des plus grands spécialistes vivants de Léonard de Vinci, a ruiné sa réputation, en se lançant dans la publication d'expertises plus que bancales. Une série d'œuvres appartenant curieusement toutes à des collections particulières suisses : un portrait d'Isabelle d'Este, une « grande sœur » de la Joconde, mais aussi une Joconde nue, et, non sans humour, un ange en érection, ont été attribués par lui au grand maître italien. On l'imagine facilement, un tel artiste est une mine d'or pour les experts peu scrupuleux. Ce n'est pas l'amour de la science qui l'a poussé, mais le besoin d'argent, et un certain goût du buzz, qui n'est sans doute pas pour déplaire à l'UCLA, l'université de Los Angeles, qui a reconnu ses talents plus volontiers que les très hiérarchiques facultés italiennes, en lui confiant la responsabilité de la chaire Armand Hammer des études léonardesques. Comme Pedretti est, malgré ses fantaisies et sa désinvolture, quand même un grand historien d'art, aux travaux profonds, utiles et respectables, quand le public n'est pas averti, son nom représente une caution inestimable pour un marchand. Pour nous, aujourd'hui, toute œuvre assortie d'une de ses expertises est sujette à caution.

On pourrait croire que Pedretti a ruiné l'œuvre de sa vie. Il n'en est rien ! Aussi surprenant que cela puisse paraître, ses expertises alimentent les rubriques de la presse internationale en faisant doucement sourire ses confrères, qui n'en continuent pas moins d'avoir recours à ses travaux de recherche. Les risques du métier, finalement, ne sont pas si élevés… Personne n'en voudra à Pedretti si ses avis ne sont pas confirmés, ou même s'ils sont démentis. Le marchand sait bien qu'il n'achète qu'une rumeur. La complaisance de Pedretti, c'est simplement d'accepter d'alimenter la machine à fantasmes, en donnant franchement l'impression d'y croire, tout en satisfaisant les exigences d'un grand train de vie.

Dans mon propre cas, les personnes qui pourraient me jalouser n'auraient pas de difficulté à prétendre que, pour mes attributions d'œuvres à Pontormo ou Bronzino, je touche de l'argent des marchands. Comme c'est toujours de commissions occultes qu'il s'agit, que l'un touche et que l'autre ne touche pas, extérieurement, il n'y a aucune différence. C'est sur la durée que s'établissent la réputation et la bonne foi. Pour moi, la chose importante, c'est de découvrir un Pontormo ou un Bronzino. Certes, il est plus simple de les trouver dans un musée, comme à Nice, mais ils valent bien quelques prises de risque supplémentaires. L'œil qui se bornerait à la fréquentation des institutions respectables, qui n'aurait pas l'audace de soigner ses relations avec les marchands et d'en tirer le meilleur parti, ne vaudrait pas les efforts qui ont été consacrés à sa formation. L'œil ne sera jamais au-dessus de tout soupçon.

Le problème des personnages à la Pedretti, c'est qu'ils en encouragent d'autres à la recherche du sensationnel, si apprécié du public, et largement relayé par la presse. En 2012, la publication d'un corpus de prétendus dessins du Caravage a suscité d'incroyables remous. Nous savons bien que cet artiste, même s'il est né en Lombardie, à Milan, où il se forma auprès d'artistes qui dessinaient beaucoup, ne pratiquait pas le dessin. Nous ne possédons aucune feuille exécutée de sa main et l'on voit, à ses tableaux, qu'il peignait toujours directement sur la toile, sans recourir à aucun dessin préparatoire. Cela n'a pas empêché deux quidams, inconnus des études caravagesques et du monde historico-artistique en général, d'étudier le fonds des dessins lombards de Castello Sforzesco dans cette perspective. En déplaçant une série de feuilles qu'on doit pour partie à Simone Peterzano, le maître du Caravage, en les accompagnant d'une mise en scène abracadabrantesque – montage de photos superposant des dessins de mains et d'époques manifestement différentes à des tableaux de

Caravage –, ils ont réussi à obtenir un large écho dans les plus célèbres quotidiens italiens, et à annoncer la redécouverte des dessins que le maître milanais aurait réalisés dans sa jeunesse, puis transportés avec lui à travers toute l'Italie. Au vu de sa vie mouvementée, nous savons bien que c'est parfaitement impossible. Ces personnages n'ont consulté aucune personnalité reconnue, ils ont claironné leurs théories dans le seul but de se faire une réputation et de gagner de l'argent. Cela a été repris sans fin... Le site de *La Tribune de l'art*, que je respecte beaucoup, s'est même vu obligé de faire un sort à cette information, en la démontant. Il n'y avait pourtant pas un seul historien d'art qui y ait cru. Tel est le diktat du sensationnel et de la presse sur notre activité : des idées fausses, qui ne méritent pas dix secondes d'attention, monopolisent les efforts d'une communauté pendant des semaines.

Aux yeux du public, les œils, bien malgré eux, sont forcés d'incarner une figure paradoxale. On leur demande d'être portés par la passion de l'inconnu, de produire du sensationnel, tout en respectant une déontologie. Les œils resteront toujours des êtres sulfureux. Même s'ils étaient irréprochables, on saurait leur trouver des torts. Peut-être que cette condition étrange explique l'attrait de figures comme Berenson, Longhi et Zeri. Ils ont beau être déconsidérés sans cesse, ils restent les historiens d'art qui fascinent le plus, ce sont les mythes de notre discipline... Au fond, le plus grand tentateur des œils, c'est le public !

11.

Les nombreuses vies de l'œil

Tout le monde peut éprouver un choc esthétique. Il est comparable à d'autres émotions, comme la nostalgie ou la jouissance, alors que le gène de l'œil, s'il y en a un, est un mystère. Un historien d'art peut être ému mais, aussi brillant et aussi sentimental soit-il, il ne sera pas capable de dire d'où provient son émotion et, s'il fait une différence entre le XVe et le XIXe siècle, ce ne sera qu'une question de culture. Il suffit d'avoir fréquenté les musées pour être capable de reconnaître un Raphaël, un Poussin, un Vermeer, un Delacroix, un Manet, un Mondrian ou un Matisse, mais l'œil est seul à entrer dans l'œuvre. Or, cette acuité du regard s'illustre dans tout un panel de métiers. Je crois qu'on a l'œil de naissance, et qu'on le forme dans diverses directions. Un grand photographe ou un prestigieux rédacteur de mode auraient sans doute pu aussi faire d'excellents connaisseurs de peinture. Inversement, Zeri se serait sans doute beaucoup amusé à conseiller Valentino… Il sera ici question des nombreuses vies de l'œil.

Bien évidemment, si les œils sont indispensables à l'art ancien, ils le sont aussi dans le domaine de la création contemporaine ! Il y en a principalement de deux sortes, les critiques et les galeristes, qui travaillent main dans la main, quoique les seconds s'attirent bien plus nettement mon admiration. Les critiques sont capables de voir, comme tout œil, mais ils analysent, philosophent, tirent des conclusions, aident un artiste à se vendre et à se faire reconnaître en écrivant, mais ils ont souvent peur de ne pas être dans le courant. Au risque de laisser de côté des artistes qui mériteraient d'être reconnus. Les galeristes, eux, se concentrent sur l'essentiel, qui est d'exposer, et consacrent leur vie, non pas à écrire, mais à faire vivre des artistes qui, sans eux, resteraient peut-être plongés dans l'anonymat. Comme tout le monde, ils fréquentent les hauts lieux de l'art contemporain, la Biennale de Venise, où les artistes invités des pavillons réservent parfois d'immenses surprises. Mais ils sont aussi prêts à aller chercher la perle rare dans les endroits les plus inattendus, ce qui représente parfois de vraies prises de risque. Ce sont des gens passionnés par leur métier, qui ne craignent pas de traverser des périodes difficiles.

Un après-midi de 1986 ou 1987, j'ai eu la chance de rencontrer deux des plus grands galeristes du siècle dernier. Sous une discrète pergola madrilène, en compagnie d'un artiste et d'une collectionneuse de leurs amis, Ileana Sonnabend et Leo Castelli nous racontèrent leurs débuts. Le matin même, je m'étais levé plus tôt pour aller admirer les fresques de Tiepolo au Palais royal, ce qu'Ileana Sonnabend avait fait des années auparavant. Cela nous permit d'entamer la conversation, et je pus bientôt lui poser toutes sortes de questions sur son passé. Leo Castelli, son compagnon, un juif d'origine hollandaise, venait d'une riche famille de Trieste. Ileana l'avait rencontré à Paris, durant l'entre-deux-guerres. Elle-même était issue d'une importante famille juive roumaine. Il ne leur avait pas fallu beaucoup de temps pour se décider à emménager ensemble au Ritz, où ils menèrent grand train. Leur vie était faite de la fréquentation des artistes et des écrivains de l'avant-garde, qu'ils connaissaient presque chacun par leur prénom puisqu'à Paris, capitale de l'art à cette époque, tout ce que la France, l'Europe et le monde comptaient de jeunes talents s'y était donné rendez-vous. C'est en 39 que tout bascula. La machine nazie était lancée, il fallut se disperser. On se dispersa. Ils rallièrent les États-Unis. Arrivés à New York, la vie n'avait pas dû être facile, tandis que Leo Castelli, engagé dans l'armée américaine, participait aux campagnes militaires en Asie du Sud-Est, et qu'il fallait l'attendre. Quand tout s'apaisa, la nationalité américaine fut certes octroyée à Leo Castelli et à sa femme en échange des années passées par ce dernier au service de la défense des États-Unis. Grâce aux accords passés entre son nouveau pays et l'URSS, Ileana put même faire rapatrier une partie des biens de la famille. N'ayant jamais travaillé, ils se trouvèrent tout de même obligés de gagner leur vie et décidèrent alors de se consacrer à la seule chose qu'ils connaissaient réellement, en ouvrant une galerie d’art. Quelques jours avant leur première exposition, le couple de galeristes se trouvait en compagnie Robert Rauschenberg, l’artiste à qui elle était consacrée, et son compagnon interrompait régulièrement leurs conciliabules en apportant du thé. Rauschenberg leur disait depuis plusieurs semaines qu’ils devaient voir ses œuvres, et qu’il faisait, lui aussi, un travail remarquable. Mais personne ne faisait l’effort attendu. Leo Castelli, ou Ileana Sonnabend, je ne m’en souviens plus très bien, pénétra finalement dans l’atelier où étaient exposés les tableaux du peintre alors âgé de vingt-quatre ans. Que ce fût elle ou lui, il ou elle eut l’un des plus grands chocs de sa vie. Sur le mur était accrochée une toile représentant un drapeau américain. C’était un objet que tout le monde connaît, mais exécuté avec grand soin. Les couleurs rouge, bleue et blanche, obtenues grâce à un mélange de pigments et de cire fondue, étaient appliquées en couche épaisse sur des bandes de papier journal. Malgré son caractère de symbole, il semblait n’être que matière, demandait à être touché, parcouru du regard sur chacune de ses parcelles. Le jeune homme qui en était l’auteur s’appelait Jasper Johns. Ileana Sonnabend ou Leo Castelli remonta chez Robert Rauschenberg et ils décidèrent d’annuler l’exposition prévue. Ils inaugurèrent leur galerie en 1958 avec une exposition personnelle de Jasper Johns, la première de l’artiste, avec la série des œuvres qu’il avait faites depuis sa rencontre avec Rauschenberg, et en firent le plus grand artiste du XXe siècle en Amérique. Même si ce jour-là, à Madrid, les deux galeristes jonglaient avec les dates et les événements, ou pouvait, rien qu’à les entendre, deviner le choc qu'ils éprouvèrent grâce à leur œil. Sonnabend et Castelli eurent un choc en regardant, un choc qui était plus qu'esthétique : ils virent que l'œuvre était fondamentale. On pourrait croire que c'est conceptuel, et c'est en effet conceptuel, mais cela passe aussi par l'œil, avant toute réflexion. Ils ont compris immédiatement que c'était l'une des plus grandes œuvres du XXe siècle. Vraisemblablement ont-ils ressenti la même émotion que celle qui nous a parcourus, Carlo Falciani et moi-même, quand nous avons reconnu le tableau de Bronzino perdu dans le *Christ* de Nice. L'excitation ne saurait être différente face à une découverte de quelque ordre qu'elle soit. Je n'ose imaginer celle de Christophe Colomb découvrant l'Amérique ou d'Albert Einstein élaborant la théorie de la relativité.

Même si ce n'est pas ma spécialité, comme tous les œils, j'ai la prétention d'avoir le regard suffisamment formé pour reconnaître si une œuvre est importante ou non dans l'art d'aujourd'hui. Je nourris pour la création contemporaine un intérêt qui me semble indispensable pour un individu attaché à comprendre l'art des siècles passés. Malheureusement, dans la création contemporaine, l'œil est par certains placé au-dessous de l'activité intellectuelle. Même dans le cas d'une œuvre extraordinaire, comme l'*American Flag* de Jasper Johns, l'enjeu n'est pas exclusivement artistique. Face à Jasper Johns, le couple a vu les enjeux de la modernité : après le *Carré blanc sur fond blanc* de Malevitch ou l'urinoir de Marcel Duchamp, pouvait-on encore créer quelque chose de révolutionnaire, ou fallait-il considérer que tout avait déjà été dit ? Malgré ce qui aurait pu sembler être une impasse, la création trouva de nouvelles forces, des ressources insoupçonnées, et l'œuvre de Jasper Johns était l'une d'entre elles. Dans un monde très difficile, où il semblait que tout avait été dit, l'œil devait trouver l'effet supplémentaire, ce qu'apportait l'artiste, une nouveauté qu'on ne pouvait réduire à des choses bien déterminées comme la technique, le sujet, ou l'idée. N'en déplaise aux amateurs de recettes, un tableau de Bernard Buffet peut paraître extrêmement esthétique, et est effectivement d'une technique irréprochable, mais qu'apporte-t-il à l'histoire de l'art ? Dès lors, quelle est la relation existant entre l'œil du galeriste et l'œil attributionniste ? Il n'est pas simple de répondre à une telle question. Je peux dire que, quand on s'amuse à reconstituer le corpus de petits maîtres anciens, on a énormément de plaisir, mais que c'est un plaisir scientifique. Les tableaux des petits maîtres, même s'ils sont laids, peuvent tout de même être plaisants, alors que les tableaux peints après 1918 par des artistes de second ordre sont, eux, souvent mal peints, et parfois insupportables au regard. Ce sont ce qu'on appelle des croûtes. Les croûtes n'apportent rien à l'évolution artistique, parfois heurtent le sens esthétique, et, financièrement, ne valent rien, ce qui fait que le galeriste ne s'y intéresse pas ; par contraste, on comprend qu'il soit émerveillé quand il trouve quelque chose de remarquable ; d'autant plus qu'après la guerre de 14, il n'y a plus d'école, tout au mieux des tendances ; le talent est plus singulier, plus imprévisible.

À cet égard, on a pu penser, dans les années 70, que la peinture était définitivement devenue secondaire mais, depuis les années 2000, on observe son retour. Les artistes peintres ont dû trouver une manière originale de lier une technique après tout ancienne avec l'attente d'originalité qui caractérise le public de l'art contemporain. À titre d'exemple, prenons l'une des figures de ce renouveau que j'affectionne particulièrement, Olivier Masmonteil, qui se consacre exclusivement à la peinture de paysage. En 2011-2012, il peignit une série de toiles très petites, de trente centimètres sur trente, représentant chaque fois un lieu différent. Ce sont des paysages assez purs, exécutés d'une main photographique, mais dont l'originalité est liée à sa vie intense de voyageur, ainsi qu'au procédé de construction de l'œuvre. Elle résulte, en effet, de la juxtaposition d'un nombre variable de ces petites toiles. C'est le commissaire d'exposition ou le galeriste, ou encore le collectionneur, qui, chaque fois, fait l'œuvre d'art. Face à un tableau d'exposition, c'est-à-dire une paroi couverte de dizaines de ses paysages réduits, on passe d'un désert de sel à des montagnes japonaises, des marines. C'est une peinture très excitante pour l'œil, très tributaire de la photographie, et finalement tout aussi conceptuelle que nombre d'œuvres réputées telles. J'admire donc l'œil des galeristes, qui permet à ce genre d'œuvres d'exister. J'admire aussi leur engagement.

Parmi ces personnages on peut citer en exemple le cas d'Emmanuel Perrotin qui mérite d'être évoqué pour ses intuitions remarquables. Il expose toute forme d'art dans ses galeries à Paris, New York et Hong Kong, pourvu qu'elle apporte à la scène artistique du neuf, de l'esprit et de la créativité. Que son public prenne du plaisir à ses expositions est un des principes auxquels il tient beaucoup. Il reflète une sensibilité qui a toujours existé et n'est pas spécifique à l'art contemporain. On la retrouve dans le ludique des chapiteaux romans, la peinture proliférante de Bosch ou les caravagesques et leur goût du comique quotidien. Pour cela il voyage, exerce son œil partout, sait au besoin payer de sa personne. Quel galeriste se serait volontiers prêté au jeu de Maurizio Cattelan en revêtant le costume mémorable d'*Errotin le vrai lapin* ? Cette étrange combinaison rose bonbon avait été dessinée à la demande de l'artiste italien par un costumier de Cinecittà, pour rappeler le sextoy oblong si connu aujourd'hui. Dotée de deux protubérances rugueuses au niveau des cuisses, elle montait le long du thorax de manière fuselée et était surmontée d'une calotte rose plus claire, d'où pendaient deux oreilles. Perrotin marcha toute une semaine, d'un pas emprunté, dans ce lourd costume, au milieu de petits groupes de visiteurs hilares, qui considéraient avec circonspection le panache de coton blanc que faisait le pompon entre les deux fesses. Cinq ans plus tard, Cattelan devenu définitivement célèbre, réalisa son pape terrassé, une effigie de Jean-Paul II moulée en cire façon Tussaud, se contorsionnant sur le sol agrippée à un grand crucifix. Une météorite vient de le frapper, des éclats de glace sont répandus sur un tapis rouge. *La Nona Ora* fut cédée 80 000 dollars sur le moment et récemment revendue pour 3 millions, sans plus de profit pour l'artiste. Cette ascension fulgurante est emblématique des découvertes des galeristes.

Perrotin savait avoir le coup de foudre pour les artistes qui sont aujourd'hui devenus grands. Il exposa pour la première fois en France, dès 1996, les installations oniriques de l'artiste japonaise Mariko Mori ; il représente aussi Jean-Michel Othoniel, devenu artiste quasi officiel quand il réalisa la structure composée de boules de verre chapeautant la bouche du métro Palais-Royal, place Colette, à quelques pas du ministère de la Culture. De même les décalcomanies colorées de Takashi Murakami frappèrent son œil, alors qu'elles ne disaient rien à personne. Cela n'a rien d'étonnant, au fond. Ces fantaisies légèrement artificielles cadraient parfaitement avec le tempérament enjoué de Perrotin.

Un grand galeriste a de l'œil, mais aussi de l'intuition. L'artiste, lui, n'a pas toujours besoin d'œil. Sa tâche relève simplement du génie créateur. Les tableaux de Matisse, pour moi le plus grand peintre du XXe siècle, sont du pur génie créateur. Pourtant, dans certaines formes d'art, la photographie par exemple, c'est l'œil seul qui fait la différence entre le bon et le mauvais photographe. Face à une scène, l'œil du bon photographe est suffisamment instinctif pour choisir le meilleur cadrage. Il y a des œils rapides, comme Robert Capa, et tous les grands photographes de guerre. Le premier déclencheur se trouve dans leur œil, dans leur sensibilité plus que dans leur mémoire. Ils savent immédiatement que ce qu'ils voient, ce moment, est exceptionnel. Il y en a d'autres qui travaillent avec la mise en scène et qui organisent soigneusement les détails. Mais le cliché, dans les deux cas, a lieu en une fraction de seconde. L'œil fonctionne, le photographe a le pressentiment qu'il doit appuyer sur le déclencheur à ce moment précis, et ce n'est qu'après coup que le cliché se révèle. L'œil du photographe fonctionne en deux temps. Les plus grands ne sont pas seulement ceux qui savent appuyer sur le bouton à l'instant propice, ce sont aussi ceux qui sont capables de faire le meilleur tri, qui ne gardent pas tout, qui épurent ensuite leurs clichés pour en présenter la meilleure sélection possible. Avec le recul, on se rend compte que même des photographes mondains, comme Benno Graziani, le grand reporter *people* de *Paris Match*, avaient un œil exceptionnel. Quand on met ses clichés en série, ils apparaissent tous avec quelque chose d'unique. Ils ont su capter un instant de ce monde où l'on voyait se côtoyer dans les colonnes de l'hebdomadaire Françoise Dorléac et Catherine Deneuve, John Kennedy et Oleg Cassini, le couturier de Jackie, Brigitte Bardot, Fernandel ou encore Gianni Agnelli, le mythique président de la Fiat.

De même, nous voyons maintenant que personne n'a photographié Paris comme Cartier-Bresson. Il fallait aussi son regard pour fixer sur la pellicule, chaque fois en un seul portrait, l'univers de Bonnard et de Matisse. Il est très difficile d'expliquer ce qui fait la différence entre un bon photographe et un photographe ordinaire. Pour la peinture, on peut se fonder sur la technique. Mais pour la photographie, c'est vraiment l'œil qui retient un moment… Cartier-Bresson a même toujours refusé de travailler avec la couleur. Cela aurait fait de lui un artiste… Il voulait précisément être autre chose. Prenez *Rue Mouffetard, Paris (1954)* : un jeune enfant, bombant le torse, arbore fièrement deux bouteilles de vin ! Une fraction de seconde plus tard, ce sourire triomphant s'est peut-être dissipé… Bien sûr, tout le monde n'est pas Cartier-Bresson ou Brassaï. Un certain nombre de photographies, aussi plaisantes soient-elles, ne sont que le résultat de conjonctures extérieures, mais ne s'inscrivent pas dans l'œuvre d'un photographe. Le hasard n'empêche personne de faire de bonnes photographies. Avec le recul, on finit par faire le tri, voir plus clair dans la production des images photographiques. Même si ces photographes désormais célèbres, qui furent les grands témoins du XXe siècle, ne se considéraient pas comme des artistes, nous pouvons aujourd'hui reconnaître leur génie.

Quand les peintres ont réagi contre la photographie, il se pourrait, en un sens, qu'ils aient réagi contre l'œil. Cela montre l'importance que l'œil jouait dans la vocation des artistes. La photographie a bouleversé la peinture parce qu'elle a obtenu la réalité nue que les peintres poursuivaient. L'impressionnisme trouve en fait sa raison d'être dans la naissance de la photographie. Les peintres n'avaient plus besoin de représenter la réalité, ils ont mis en peinture leurs sentiments. Cependant, même ainsi, ils ne se sont pas tous affranchis de l'œil. Les premiers signes de l'abstraction viennent aussi de la photographie. En 1889, la tour Eiffel, ce monument qui devait être éphémère, est photographiée sous toutes ses coutures par Henri Rivière : on en remarque les détails abstraits, des diagonales où seule la structure métallique, débordant systématiquement le champ, constitue de drôles de réseaux de lignes, des volumes, des hélicoïdales.

Le cinéma, qu'on pourrait être tenté de définir comme l'art de raconter des histoires, s'appuie lui aussi sur l'œil, principalement au moment de ses grandes révolutions. *Le Mépris*, chef-d'œuvre de la Nouvelle Vague tourné en 1963 en technicolor par Jean-Luc Godard, doit autant à la photographie qu'à la peinture. Il est construit autour d'instants et d'images : Michel Piccoli montant l'escalier de la villa Malaparte, contournant la cloison de béton rongée par le sel qui fait comme un paravent, découvrant Brigitte Bardot sur le ventre, sa nudité cachée par un roman noir, les codes de couleurs chaudes (noir, jaune, bleu), la mer… C'est le regard du cinéaste qui nous émeut et nous surprend. L'œil, c'est le détail, Michel Piccoli dans la baignoire, avec un chapeau sur la tête, Brigitte Bardot en perruque noire. C'est notre œil qui le voit. Le cinéaste a besoin de faire fonctionner notre regard. Cela déclenche quelque chose qui ne touche pas seulement notre sens esthétique, nos goûts, mais fait appel à notre vision intelligente. Finalement, l'histoire finit par s'effacer derrière ce jeu du regard. La véritable révolution de Godard, c'est qu'on regarde une succession d'images, certes, mais avant tout un film.

Nous ne connaissons pas les limites de l'œil. Il évolue avec les révolutions techniques et esthétiques. Le vidéaste représente l'une de ses dernières mutations, apparue à l'orée des années 80. À la différence du cinéaste, qui sert le projet de faire un film, le vidéaste a pour objectif de faire une œuvre dont la narration n'est pas l'attrait principal, qui repose sur une succession d'images dont chacune doit pouvoir tenir indépendamment des autres. On a parfois l'impression que l'ambition de certains vidéastes est de réaliser les œuvres que les artistes anciens auraient conçues s'ils avaient pu représenter le mouvement. L'œil a intégré ainsi une quatrième dimension, le temps, en plus de savoir apprécier le contour des choses dans la longueur, la largeur et la perspective. Je nourris un vif intérêt pour Bill Viola, pour l'ensemble de son œuvre, mais aussi pour ses diverses tentatives de mise en mouvement de tableaux anciens, existants ou imaginés. Une des séquences qui me l'a fait connaître, en 1995, était inspirée de la *Visitation* de Pontormo, alors que je faisais la promotion de mon livre sur l'artiste. Qui sait si, avec la diffusion des *Google Glass*, les gens comme nous ne vont pas trouver une nouvelle manière de s'illustrer ?

Il y a donc un panel de métiers où l'œil se manifeste. Un bon graphiste se distingue d'un mauvais graphiste parce qu'il a de l'œil. Je ne sais pas si l'œil de ces créateurs fonctionne de la même manière que celui des historiens d'art. Mais, dans tous les cas, nous travaillons à l'instinct. La mise en page dépend d'idées et est une affaire de coup d'œil. L'attribution d'un tableau, elle aussi, ne se fait que sur un court instant. On est devant l'œuvre. Paf, on a la révélation du nom de son auteur. Après, on ne fait que vérifier. On vérifie mais on a décidé en un clin d'œil. C'est quelque chose qui relève de la Révélation. Le cas du *Christ* de Bronzino, c'est un peu Claudel et sa conversion mystique derrière le pilier de Notre-Dame…

Avoir de l'œil, c'est donc réagir. Comme le médecin face aux symptômes quand il diagnostique. Comme les rédactrices de mode quand il leur suffit de voir un défilé pour que quelque chose se passe. Elles voient des robes passer et elles les projettent dans la vie quotidienne. C'est comme cela qu'elles font la mode. Les tendances de la mode ne proviennent pas que des créateurs, mais aussi de l'œil des rédacteurs et des rédactrices de mode, de leur vision. Anna Wintour, la papesse absolue de la mode qui a servi de modèle au *Diable s'habille en Prada*, la grande rédactrice de *Vogue* et du *Harper's Bazaar*, notoirement méchante, a fait la pluie et le beau temps parce qu'elle est douée d'un œil exceptionnel.

Le conservateur, toute proportion gardée, a un petit rôle artistique à jouer dans cet ensemble de figures de l'œil contemporain. C'est son œil en effet et lui seul qui entre en jeu dans l'accrochage. Quand il en manque, les visiteurs, dans le cas des expositions temporaires, peuvent passer à côté des intentions de l'organisateur, que l'on appelle dans notre jargon le commissaire. Les images ne leur parleront pas comme elles devraient. On distingue le bon accrocheur du conservateur qui n'a pas d'œil à ce que le bon accrocheur est prêt à faire, pour le plaisir de l'œil, une entorse à l'ordre d'exposition établi. Il a conscience de l'importance de la présentation didactique et, tout en gardant l'intention d'enrichir la connaissance des visiteurs, prend aussi soin de leur œil, se met à leur place. Nous avons avant tout des œuvres à montrer et à inscrire dans les esprits, car l'explication du propos se trouve dans le contenu des panneaux explicatifs ou dans le catalogue. En accrochant judicieusement, on devrait même pouvoir porter le visiteur sans qu'il ait à recourir à la moindre explication. Accrocher est une manière de mettre son savoir dans l'œil des autres.

J'essaie toujours, comme directeur de musée, conservateur, commissaire d'exposition, d'appliquer ce principe. Mon but est que le néophyte de passage comprenne par le regard. À Ajaccio, dans le musée que je dirige, qui doit beaucoup à la famille impériale, j'ai cherché à aller plus loin. Le cardinal Fesch, l'oncle maternel de Napoléon, le plus grand collectionneur de tous les temps, avait rassemblé 16 000 œuvres en France et en Italie. À sa mort, la plus grande partie de sa collection a été dispersée en vente publique, mais un millier de tableaux ont été envoyés à sa ville natale. Pour la réouverture du musée, en 2010, j'ai reconstitué une galerie à la façon de celle des cardinaux romains du XVIIIe, cadres contre cadres, sans prendre en considération, ni les sujets ni les époques. C'est peut-être grâce à mon œil que j'ai pu donner à cet endroit son atmosphère, faire que tous les tableaux fonctionnent les uns avec les autres. Cette reconstitution est le paroxysme de ma fonction d'accrocheur. La salle qui lui est dédiée est d'ailleurs la pièce qui marque le plus les visiteurs dans le musée.

12.

J'avoue m'être trompé

Ces mots ont servi de titre à l'ultime ouvrage autobiographique de Federico Zeri. Dans *J'avoue m'être trompé*, au moment où d'autres écriraient des Mémoires, à l'heure de tirer le bilan, Zeri n'entend pas une seconde signaler des erreurs ou remettre en doute certaines attributions. Il suggère simplement qu'il aurait pu faire un autre métier. Il se demande si, dans un monde meilleur, il n'aurait pas pu jouir d'une autre vocation. Et ce qui se présentait comme un repentir se change en brûlot lancé contre l'*establishment* de l'histoire de l'art : Longhi, l'université, les surintendances, l'inactivité des hommes politiques italiens devant le démantèlement du patrimoine, auquel il a participé lui-même quelque part… Prenant position comme personnage public, il joue avec cette figure de l'historien d'art en crise qui hante le cinéma italien. Il brosse un portrait de lui-même un brin pathétique, sans renoncer à son humour. Il affirme qu'au cours de sa vie, « son pessimisme quant à la majeure partie de l'humanité n'aura gagné qu'en intensité », et déplore les dérèglements moraux et financiers qui ont marqué l'histoire de l'Italie. Il finit par adopter la posture d'un grand homme en retrait, plongé dans une solitude qu'il ne quitte qu'à contrecœur, préférant lire, étudier, classer, poursuivre son petit travail de détective plutôt que s'exposer aux dispersions de la vie mondaine. Cette détresse me fait penser au professeur d'histoire de l'art incarné par Burt Lancaster dans *Violence et passion* de Luchino Visconti, dont la vie vacille quand il accepte de partager son appartement dans un palais romain avec une marquise moderne et des jeunes gens de son époque, à l'existence desquels il ne comprend plus rien, ou à la fin tragique de Steiner, dans *La Dolce Vita* de Federico Fellini, qui se loge une balle dans le cerveau et élimine ses deux enfants, alors qu'il servait d'unique modèle au héros désorienté que joue Mastroianni. Cet événement était amené par la réplique rapide et sèche lancée par une poétesse ivre à l'intellectuel : « Vous ressemblez à un pinacle gothique : vous êtes monté si haut que vous n'entendez plus la voix des hommes. »

Je n'ai pas les prétentions iconoclastes de Federico Zeri. Je ne crois pas qu'un œil doive vivre avec le remords de s'être trompé radicalement. Ces accents-là sont trop dramatiques pour moi. Je me dis, bien sûr, que j'aurais pu, peut-être, comme lui, tirer parti d'une passion pour le jardinage, pour les lieux d'harmonie et de repos. Cela m'aurait sans doute amené beaucoup de satisfaction et un peu de déception, car les plantes sont terribles, elles font rarement ce qu'on aimerait qu'elles fassent. Mais, dans le fond, je pense que j'étais trop passionné par la peinture pour faire autre chose. Alors ma question, à moi, est autre. Attendu que j'ai eu l'immense chance de vivre selon ma passion, n'ai-je, ainsi, poursuivi qu'un but égoïste, ou ai-je pu, d'une manière ou d'une autre, être utile à la société ?

Cette question, je n'ai pas attendu cet ouvrage pour me la poser. C'est une question que je me suis toujours posée, une question que tout historien d'art, dans des temps comme les nôtres, marqués par tant d'individualisme, devrait considérer. Un médecin n'a pas ce problème. Il sait immédiatement ce qu'il apporte à la société, il préserve les gens de la maladie et de la souffrance, autant qu'il est possible. Nous, nous devons trouver des réponses progressivement mais, ce n'est, en fait, qu'en devenant conservateur que mon métier et ma formation ont pris tout leur sens.

La culture et les musées, le plus souvent, ne parlent pas aux gens. Prendre la culture comme un facteur de cohésion sociale donne alors un sens à notre travail. Par les œuvres d'art que renferment nos musées, on peut ouvrir l'esprit des jeunes, et intégrer des populations rejetées en marge de la société. Ces différents publics peuvent prendre autant de plaisir, une fois qu'ils ont appris à aborder les œuvres d'art, que devant un match de football, ou les séries télévisées. Je précise que je connais des historiens d'art passionnés de football et d'autres de séries américaines. La question n'est pas là. Moi-même, j'ai eu une période *Desperate Housewives*, dont je suis vite revenu, ne supportant plus l'intention moralisatrice qui se trahit à chaque instant de ces épisodes où toute excentricité est systématiquement et perversement pointée du doigt. Puis je me suis reporté sur *Game of Thrones*, véritable rêve pour l'enfant attardé que je suis, mais qui évoque aussi, par un jeu d'images spectaculaires, l'élaboration de la culture occidentale. La culture d'un pays, la connaissance de l'histoire, de la littérature, mais aussi de la peinture, laquelle est beaucoup moins enseignée dans les écoles, permettent la connaissance d'un fonds commun de sentiments et d'idées qui servent de base à nos démocraties occidentales ; elles ouvrent aux autres et préservent du sectarisme.

Le conservateur d'un musée se doit d'aller à la rencontre du public dans les prisons, dans les hôpitaux, dans les quartiers défavorisés. Les municipalités ont compris que leurs musées avaient un rôle d'éducation à jouer au-delà de leur simple statut de lieu de conservation, qu'ils ne se contentent pas d'exposer des curiosités du passé, mais sont porteurs d'idées et de valeurs. À Ajaccio, le musée est en effet devenu l'un des endroits phares de l'activité culturelle, outre les salles de spectacle et les médiathèques, et il est désormais possible, voire attendu, d'y inventer un lien nouveau avec la création contemporaine. Jeff Koons ou Murakami, présentés à Versailles, font parler d'art, ce qui, en soi, est déjà une réussite. Mais si les créations des artistes les plus reconnus aujourd'hui, à Paris ou à Versailles, sont discutées de toute façon et bien connues, ce n'est pas le cas dans les villes de province, où le travail des créateurs contemporains a tendance à être rejeté, la préférence allant généralement aux peintres et aux sculpteurs locaux. Je dis peintres, sculpteurs, et non pas artistes, car ces publics sont souvent restés prisonniers des conceptions traditionalistes de l'art, ignorant de manière inexplicable le passage de Duchamp. Lorsque j'ai organisé, avec la belle directrice rousse du FRAC Corse, Anne Alessandri, une exposition sur les passions, mariant tableaux classiques avec création contemporaine de façon perturbante, mais en cherchant à montrer que la violence et les sentiments extrêmes exprimés par ces œuvres trouvaient leur sens dans la quête d'un idéal, cela a permis de faire venir le public le plus rétif au musée dans le palais Fesch : les adolescents. Ils retrouvaient, sur les cimaises, les traits de leur quotidien, où la violence est banalisée, et à laquelle nous voulions qu'ils puissent trouver un sens. Ils sont venus et revenus. Pour toutes ces raisons, qui me font croire quand même que je suis utile à la société, je ne pense pas m'être trompé en faisant ce métier.

Néanmoins, on pourrait penser que, par ces considérations, j'évite d'aborder le cœur du sujet, beaucoup plus prosaïque. Un type d'erreur sans l'évocation duquel on ne pourrait pas achever cet ouvrage. On pourrait attendre de moi que j'évoque les erreurs d'attribution, principalement les miennes. Qu'on se rassure, je le ferai. Sans gêne, car les erreurs commises de bonne foi – j'en ai fait quelques-unes – peuvent toujours être utiles à la communauté scientifique. Il n'y a pas à en rougir. Quant aux erreurs plus grossières, je les présenterai sans remords, parce qu'elles ne me concernent pas, et qu'elles sont extrêmement dangereuses pour notre métier. De manière générale, un bon historien d'art, pour ne pas faire fausse route, doit savoir douter, sans quoi il s'enfermerait dans les erreurs : celles des autres, s'il accepte tout sans examen ; les siennes, s'il présume trop de ses propres intuitions. Quand on commence à mal voir, on s'obstine, et on ne voit plus qu'incorrectement. Sur des tableaux mineurs, cela m'est arrivé. Je me suis persuadé, par exemple, qu'une *Madone* était d'un certain maître des paysages Kress, aujourd'hui identifié sous le nom de Larciani, et Carlo Falciani m'a prouvé qu'elle n'était pas de lui, mais d'un artiste tout aussi peu connu du grand public, le maître de Serumido, deux excentriques florentins chers à Zeri. Pour éviter ce genre d'erreurs – qui ne tirent pas à conséquence –, il est important de travailler en commun avec d'autres historiens. Il faut aussi savoir attendre avant de publier, mûrir un avis, à tête reposée, le faire partager. Si cette règle est observée, on ne se trompera, de manière générale, jamais gravement, surtout si cela ne touche que la communauté scientifique.

Les plus grosses bévues que j'ai commises concernent deux portraits de Pontormo : le jeune garçon retrouvé à Genève et un autre portrait d'homme en collection particulière. Roberto Longhi faisait autorité dans le domaine de l'attribution mais, de manière assez prétentieuse, je pensais qu'il l'avait mal compris, à cause de deux articles qu'il avait dédiés aux portraits en question. Il avait vu et reconnu en personne le jeune garçon de Genève et l'homme de la collection particulière. Induit en erreur par la qualité des reproductions photographiques, j'ai pensé qu'il fallait douter du sort qu'il leur faisait. Je pensais, principalement, qu'il ne tenait pas assez compte de l'entourage de Pontormo, de tous ces petits peintres excentriques dont le rôle avait été mis en évidence par Zeri. Je n'aurais pas fait l'erreur si j'avais pu voir les tableaux directement, mais ils étaient alors inaccessibles, et je n'ai pas compris que mon sentiment de malaise devait être mis sur le compte de la mauvaise qualité des photographies et des repeints. De telles erreurs ont des retombées financières qui dépassent les historiens d'art, mais qu'il faut respecter. Dans mon cas, il faut sans doute les mettre au compte de défauts de jeunesse, au désir d'exister, au besoin de se faire une place.

Quand je me suis retrouvé confronté aux portraits *de visu*, l'erreur me sembla flagrante. Cela eut deux vertus principales. Premièrement, je décidai de ne plus jamais donner aucun avis catégorique d'après photographie. Je peux douter d'un avis autorisé à partir d'une photographie, mais je ne le remettrai pas formellement en cause à moins d'avoir pu examiner l'œuvre moi-même. Deuxièmement, mon erreur, aussi effrontée qu'elle ait été, eut un autre effet positif : celui de mettre en évidence le rapport de Pontormo avec son milieu. Jusqu'à ce que je publie mon catalogue, on disait Pontormo solitaire, sans élèves sauf Bronzino, travaillant à l'écart des ateliers. En l'associant à Jacone, Foschi et aux autres petits Florentins dans mes articles, allant même jusqu'à prouver l'existence d'un atelier, j'ai contribué à mettre fin à un mythe. Je me trompai sur les portraits, mais j'apportai une vision plus correcte de sa manière de travailler. Mes erreurs contribuèrent aussi à renforcer l'autorité de mes avis définitifs. Dans le fait que j'avais déclassé les portraits avant de les réhabiliter, on a pu voir une preuve de bonne foi.

Le plus souvent, on sent une erreur à la lecture d'un article, quand celui-ci s'emmêle dans les explications et recourt à des justifications douteuses. Il n'est pas rare alors que le chercheur commence à invoquer des exceptions. La volonté d'annoncer une découverte retentissante, forcément liée à un artiste majeur, et au besoin d'ameuter les médias à cet effet, pousse les historiens d'art sur une voie sans retour, dans l'ignorance totale des avis de leurs collègues. À la faveur d'un cocktail donné en 1995 à l'Institut culturel français de New York, situé sur la Cinquième Avenue en face du Metropolitan Museum of Art, une historienne d'art américaine, Kathleen Weil-Garris Brandt Posner (je ne plaisante pas, c'est son nom complet) s'est laissé séduire par un angelot placé au milieu d'un bassin, meublant le vestibule de ce splendide hôtel particulier. La statue est arrivée de Florence via Londres en 1905, à la demande de l'architecte Stanford White pour orner la magnifique maison de Central Park décorée en style éclectique, c'est-à-dire néo-Renaissance, destinée à Payne Whitney. La demeure du riche héritier et philanthrope sert aujourd'hui d'abri aux plus brillants représentants de la culture française de la *Big Apple*. Ce putto authentique Renaissance y est depuis toujours présenté comme un anonyme. Quelques jours après le cocktail, le 23 janvier 1996, suite à une conférence de presse, les pages artistiques des quotidiens américains déversèrent une avalanche de gros titres.

Kathleen Weil-Garris, relayait le *New York Times*, venait de découvrir un Michel-Ange dans une *mansion* new-yorkaise. C'était la seule œuvre de ce grand maître qui se soit jamais trouvée hors d'Europe.

Pourtant aucun spécialiste de Michel-Ange n'en était convaincu. Kathleen avait réussi à mobiliser un certain nombre d'historiens d'art américains, pas particulièrement réputés pour leur expertise en la matière, qui avaient bien voulu s'associer à elle pour claironner ceci : c'était un Michel-Ange de jeunesse, propriété de l'État français certes, mais situé sur le territoire américain. Le directeur du département des sculptures du Louvre d'alors aurait été le premier à se réjouir d'une telle nouvelle si elle avait eu la moindre vraisemblance, mais il se voyait contraint de la mettre en doute, et de réprouver son caractère sensationnel. Quand il lui a dit : « Chère Kathleen, cette œuvre ne saurait être de Michel-Ange », excentrique jusqu'au bout des ongles, elle a rétorqué, exultant : « Mais justement. Ce n'est pas le Michel-Ange que l'on connaît. »

Si ce n'était pas celui-là, pourquoi voulait-on que ce soit encore lui ? Mystère. Il ne se trouvait pas une seule œuvre de Michel-Ange à laquelle on pût comparer le putto. Il y a eu tellement de tapage médiatique autour de l'affaire que l'Institut français a fini par accepter de remettre la pièce controversée au Metropolitan Museum avec la mention : « Michel-Ange, déposé par l'État français, Ministère des Affaires étrangères. » En l'an 2000, lors de l'exposition du Louvre consacrée au supposé putto de Michel-Ange, renommé pour l'occasion *Le Cupidon de Manhattan*, le conservateur du Louvre avança l'hypothèse selon laquelle le putto pouvait aussi bien être l'œuvre d'un des autres jeunes sculpteurs actifs à Florence dans l'entourage de Laurent le Magnifique, ou plus tard dans le XVIe siècle, d'un des différents sculpteurs « michelangiolesques ». Ce putto de marbre a le visage en partie resculpté, ce qui rend tout jugement difficile. Selon Kathleen Weil-Garris, le corps comporte les traits caractérisant les œuvres sculptées de Michel-Ange. Certes, dans le hall du centre culturel, sous un éclairage particulier, un verre à la main, le mouvement des muscles peut sembler différent, et suggérer momentanément une découverte troublante. Si elle avait accepté de patienter avant de convoquer la presse, sa lubie lui serait peut-être passée, mais elle a été entraînée par ses premiers propos et s'est enferrée dans sa position.

Ainsi le désir de faire un « scoop » a-t-il nui au musée et au public. Le Metropolitan Museum s'est vu forcé, à cause du matraquage médiatique, d'intégrer à ses collections une pièce douteuse. Les visiteurs ont été et sont encore confrontés à un élément qui brouille la netteté du corpus de Michel-Ange. Par son souci de créer la sensation, Mme Weil-Garris ne s'en est pas tenue à l'éthique du métier. Pis, elle a défié l'ensemble de la communauté scientifique en prétendant qu'il faudrait attendre une génération pour que son avis soit enfin compris. C'est cette vanité qu'il faut flétrir. Poussée par le souffle médiatique, l'histoire risque de retenir que cette œuvre abîmée pourrait être, parmi de multiples hypothèses, un Michel-Ange de jeunesse.

Parfois, il est vrai, le refus de reconnaître une attribution est lié à des motifs extérieurs à l'étude des œuvres. J'ai été appuyé par les deux œils dans lesquels j'ai la plus grande confiance pour cette question, Sylvie Béguin et Carlo Falciani, dans ma redécouverte du *Saint Jean-Baptiste* de Rosso Fiorentino. Mais cette attribution a été rejetée par d'autres historiens d'art, passablement jaloux du prestige qu'elle pouvait m'apporter. Je suis convaincu que celui-là sera vraiment reconnu à sa juste valeur, une fois que les parties prenantes se seront tues, et qu'on pourra examiner les éléments posément. David Franklin, auteur d'une monographie sur Rosso, qui avait d'abord été réticent, se rend désormais à l'évidence, et répète maintenant à qui veut l'entendre qu'il s'agit d'un chef-d'œuvre de Rosso. À la différence du Michel-Ange de Kathleen Weil-Garris, qui n'est pas le Michel-Ange que l'on connaît, mais un cupidon somme toute anecdotique, bien loin des *Esclaves* du Louvre qui nous procurent tant d'émotion, ce qu'on voit, dans le troublant *Saint Jean-Baptiste,* c'est toute la force expressive de l'art de Rosso Fiorentino.

L'évolution du métier aujourd'hui fait que les grands œils dont nous avons parlé seront toujours plus rares. Berenson, Longhi, Zeri avaient une connaissance approfondie du *Trecento* au XIXe siècle. Aujourd'hui, nous sommes de plus en plus limités par nos domaines de recherche. Peut-être parce les œils n'osent plus faire le travail qu'ils ont accompli, peut-être parce qu'ils se cantonnent trop confortablement dans les normes universitaires. Suivant l'exemple de Longhi, je fais partie des gens qui se situent à la jonction des deux domaines, mais nous ne sommes pas si nombreux. Nous accomplissons une fonction que seule l'université italienne reconnaît à sa juste valeur. À ses yeux, le *connoisseurship* est la philologie de l'art, la science fondamentale de l'histoire de l'art. En France, parler attribution, c'est parler des seuls problèmes des musées. Les historiens d'art français qui ont fréquenté Longhi étaient tous des conservateurs de musée. Les professeurs universitaires considèrent parfois que les historiens d'art français devraient défendre exclusivement la tradition rhétorique, celle qui commente et développe les tableaux dans le discours. Dans une histoire de l'art comme celle-là, il n'y a pas de place pour l'œil.

Nous nous trouvons donc à la croisée des chemins. Il faut que les œils retrouvent la noblesse qu'ils ont parfois perdue. Enquêter, avoir du génie, savoir convaincre, cela peut faire désordre, vu de l'extérieur. Mais être un œil, c'est se dédier à un vrai métier, reposant entièrement sur la mémoire et l'exercice de la mémoire, ancré dans une tradition profondément scientifique, et destiné à amener encore de nombreux progrès dans la connaissance. À l'instar de l'université de Florence, la Sorbonne, qui n'ignore pas le *connoisseurship*, devrait proposer à ses étudiants une véritable formation de l'œil. Cela pourrait permettre de choisir d'aller vers les musées, l'enseignement, ou le marché de l'art. Sans quoi les étudiants n'ont pas le choix. Il y a une fracture trop profonde entre les métiers chez nous, et c'est une spécificité bien française. Ce système permet à l'Université française de regarder avec un sentiment de supériorité l'École du Louvre, parce qu'elle a l'illusion d'être la seule à produire des idées, laissant à la seconde la formation des conservateurs et à des institutions privées celle des experts. Et l'œil, dans tout cela ? Il ne se forme, aujourd'hui en France, que par volonté personnelle. Je revendique l'héritage de Morelli, celui d'une histoire de l'art scientifique, engagée dans son temps, et pleinement sociale, dans laquelle la découverte du *Christ* de Bronzino s'intègre parfaitement. Sans l'œil qui a permis cette découverte, la vision que les amateurs portent sur l'artiste serait encore celle d'un artiste courtisan. La ville de Nice a beaucoup communiqué sur cette découverte. Loin de l'intérêt qu'elle aurait pu susciter à l'égard de ce grand artiste relativement peu connu du public, c'est l'aspect sensationnel qui a le plus intéressé, diverti, passionné les Niçois. L'œil crée aussi de l'événementiel dont notre société est particulièrement friande.

Mais, au-delà de l'histoire de l'art, je crois que nous avons tous un œil. Un seul œil tels les cyclopes ? La langue française apprécierait-elle le cyclope ? Ne dit-on pas communément avoir un œil de biche, un œil de chameau, avoir le compas dans l'œil, le mauvais œil, le coup d'œil, ne pas fermer l'œil de la nuit, l'œil de Moscou, ouvrir œil, à l'œil, mon œil… et avoir l'œil ? Non, nous ne sommes pas des cyclopes livrés à notre triste sort qui, tel Polyphème, se laissent aveugler, bien que parfois les paillettes puissent provoquer le même effet que le bâton d'Ulysse et de ses compagnons.

Dans l'histoire des arts, les protagonistes ont bien deux yeux, ils ont tous un œil qui discerne l'esthétique, doublé d'un œil inhérent à leur métier. Le galeriste voit la beauté de l'œuvre, mais en tant que marchand il voit aussi son coût ; le cinéaste, le photographe possèdent une vision esthétique doublée de celle de cinéaste, de photographe ; le rédacteur de mode discerne d'abord l'esthétique du vêtement, puis voit ce qu'il deviendra dans la rue... Mais finalement, nous les œils, ne sommes-nous pas des cyclopes qui ne voient qu'une chose, l'esthétique de l'œuvre, faisant fi de toute autre contingence ? Nous nous laissons aveugler par sa beauté.

L'œil est regard. Nous voyons, bien que nous ne voyions pas tous la même chose. Pour ma part, œil je suis, mais œil je suis devenu. J'ai appris à voir, comme si d'aveugle j'étais devenu grand, bien que mon regard ne se fixe uniquement que sur ce que je dois voir. Ce qu'il y a de beau dans mon métier, c'est que je vois la lumière derrière le noirâtre. Je suis œil pour les autres regards.

Remerciements

Ce livre a été écrit en collaboration avec Samuel Monsalve et l'auteur le remercie pour sa plume, sa patience, sa ténacité et son esprit de recherche qui lui a permis de voir le jour.

L'auteur exprime également sa gratitude envers Charles Dantzig pour sa confiance, ses conseils, ses encouragements, mais aussi pour avoir suggéré le titre de l'ouvrage.

Qu'Anne Fabre de Chefedebien qui m'a conseillé tout au long de ma vie et avec qui je continue à échanger aujourd'hui sur des questions bien différentes, napoléoniennes, soit également remerciée.

Que soient aussi remerciés Michel Laclotte pour son soutien, ainsi que Jean-Christophe Baudequin, Agnès Costa Webster, Carlo Falciani, Jak Katalan, Catherine Monbeig Goguel, Christian et Nathalie Volle, et Andrea Zanella pour leur aide et Marie-Laure Mattei Mosconi et Marie-Jeanne Nicoli pour leur appui.

TABLE

DANS LA MÊME COLLECTION

LAURENT NUNEZ
Si je m'écorchais vif

REVUE LE COURAGE N° 1
Littérature 2015

REVUE LE COURAGE N° 2
Les Salauds

PIERRE DUCROZET
Eroica

ALEXANDRA FRITZ
Chambre 203

Cet ouvrage a été imprimé
dans les ateliers de
GRAFICA VENETA S.p.A.
en avril 2016

Mise en pages PCA
44400 Rezé

N° d'édition : 19363
Dépôt légal : avril 2016
Imprimé en Italie